여호와께서는 자기에게 간구하는 모든 자 곧 진실하게 간구
하는 모든 자에게 가까이 하시는도다

시 145:18

만일 주님 안에 거하기를 원한다면, 겉모습만 수도사처럼 하
지 말고 선하고 온유하며 항상 하나님과 하나가 되십시오.
진리 안에 있는 사람이 되기로 결심하십시오. 지성을 깨어
지키며, 정신적 심상들로부터 자유한 영혼의 복된 상태와 완
전히 고요한 마음을 얻기 위해 전력을 다하십시오.

성 헤시키우스

영성 훈련의 네 가지 길

영성 훈련의 네 가지 길

조연형 지음

홍성사

차례

들어가며

기도에 성공해야 한다. 수도자 테오판(1815~1894)에 의하면 기도란 '정신과 마음을 하나님께로 들어 올려 하나님께 감사하고 찬양하며, 우리에게 영적·육체적으로 필요한 선한 것들을 간구하는 것'이다. 그래서 기도란 아버지 하나님과의 만남이다. 진정한 기도란 아버지 안에서 나를 발견하고 늘 아버지와 함께 살아가는 것이다.

기도에 성공한 사람이 믿음에 성공할 수 있다. 믿음은 인생의 모든 것의 기초이다. 그래서 믿음에 성공한 사람만이 하나님 안에 거하며 하나님을 기쁘시게 해드리는 복되고 아름다운 인생을 성공적으로 살아갈 수 있다.

예수님을 닮기 원하는 것, 예수님 닮은 삶을 살아가는 것, 그것은 모든 그리스도인의 소원이다. 예수님은 형제자매를 끝없이 사랑하시고 인내하시며 헌신적으로 섬기셨다. 그래서 성도들도 형제자매를 사랑하며 이웃을 섬기는 데 최선을 다한다. 그리고 그 과정에서 기쁨과 보람을 얻게 된다. 믿는 자로서 살아가는 기쁨을 맛보는 것이다. 천국을 맛보는 것이다. 몸이 고되고 정신적으로 피곤한 일이 많지만 주님을 닮아가는 삶에서 누리는 기쁨은 무엇에도 비길 수 없다.

그런데 꼼꼼히 되짚어 봐야 할 것들이 있다. 예수님을 구주로 믿는다는 것, 예수 그리스도의 보배로운 피로 하나님의 자녀가 되었다는 것, 세례를 통하여 모든 죄가 사해지고 우리 안에 성령님께서 내주하시게 된 것, 성찬을 통하여 새로운 힘을 늘 공급받는 것, 주님을 만나는 것, 천국을 맛보는 것, 주님과 동행하는 것 등이다.

교회 안팎에서 행하는 믿음의 삶은 매우 중요하다. 그리고 주님 다시 오실 때까지 우리는 그 믿음의 삶을 절대로 놓지 않을 것이다. 그런데 왜 믿는 사람들 사이에서 무정함과 불의, 불법이 흔하게 나타나는 것일까? 성도로 살아가는 사람들이 자존심이나 명예, 작은 이익이나 재물 앞에서 왜 예수님의 뜻을 저버리게 되는 것일까? 주님을 믿는다고 고백하면서도 무정함과 불의, 불법을 행한다면 무엇을 믿는 것일까? 하나님 아버지께 내어 드릴 수 없는 성역이 우리 안에 있는 것일까?

아버지의 사랑을 맛본 사람만이 아버지를 흠모하며 경외하게 되고, 그런 사람만이 진정으로 아버지의 뜻을 따르는 자녀가 될 수 있다. 그 사랑을 맛보지 못한다면 비록 모태신앙으로 교회에 다니고 있거나, 교회에서 여러 가지 직분을 맡고 활동하고 있다 할지라도 믿음의 심오한 단계에 이르렀다고 하기는 어렵다. 주님을 만나면, 주님을 알게 된다. 주님은 이렇게 말씀하셨다. "영생은 곧 유일하신 참 하나님과 그가 보내신 자 예수 그리스도를 아는 것이니이다"(요 17:3).

주님을 알게 되면, 그분의 사랑 가운데 거하면서 그분의 뜻, 사랑과 공의에 동참하게 된다. 그래서 외적인 선행이 성도의 매우 중요한

덕목이지만, 그보다 먼저 아버지와의 지속적인 만남이 중요하다. 그 만남은 우리에게 믿음을 주고, 믿음이 깊어지면서 진정으로 아버지의 뜻을 따르게 되고, 그러면서 인생 전체가 다듬어지고 달라지고 성숙되는 것이다. 요한은 거듭 이렇게 말한다. "그[예수 그리스도] 안에 거하는 자마다 범죄하지 아니하나니 범죄하는 자마다 그를 보지도 못하였고 그를 알지도 못하였느니라"(요일 3:6). "사랑하는 자여 악한 것을 본받지 말고 선한 것을 본받으라 선을 행하는 자는 하나님께 속하고, 악을 행하는 자는 하나님을 뵈옵지 못하였느니라"(요삼 11절).

여기서 "그를 보지도 못하였고"(요일 3:6), "하나님을 뵈옵지 못하였느니라"(요삼 11절)라고 말씀하는데, '보다'라는 뜻으로 쓰인 동사 '호라오'는 '보다, 주목하다, 이해하다, 방문하다, 경험하다' 등의 의미가 있다. 주님을 보고, 이해하고 방문하고 경험한 사람이 주님을 알게 된다. 기도 안에서 우리는 주님을 만나게 된다.

지난 12년간 마음속에 품고 기도하고 생각하고 배우고 연구하고 나누고, 섬기던 교회에서 지도하며 스스로 매일 훈련하고 있는 내용들에 필요한 것을 보충하여 이 책을 쓰게 되었다. 이 책은 주로 개신교 외의 기독교 전통에 관심이 없었거나 접하기 어려웠던 '개신교 그리스도인들'에게 기도 가운데 혹은 기도를 통하여 하나님을 만나는 방법을 소개하는 것이 목적이다. 서방 가톨릭교회, 동방정교회, 루터 교회, 성공회 교회 등 기독교 세계는 다양하다. 개신교인이 아니더라도 2,000여 년간 서로 다른 기독교 전통 속에서 이루어져 온 기도 방법들을 서로 배우고 이해할 수 있는 기회가 될 것이다.

끝으로 주님을 따르는 길에 25년간 동행하며, 부족한 남편에게 가장 좋은 친구이자 동역자가 되어 주었던 하나님의 딸, 사랑하는 아내 홍은영에게 이 책을 바친다.

2017년 2월

조언형

1장

영성 훈련이란
무엇인가?

내가 율법으로 말미암아 율법에 대하여 죽었나니
이는 하나님에 대하여 살려 함이라 내가 그리스도와 함께 십자가에
못 박혔나니 그런즉 이제는 내가 사는 것이 아니요 오직 내 안에
그리스도께서 사시는 것이라 이제 내가 육체 가운데 사는 것은
나를 사랑하사 나를 위하여 자기 자신을 버리신 하나님의 아들을
믿는 믿음 안에서 사는 것이라

갈 2:19-20

예수님을 믿는 것과 영성 훈련은 무슨 관련이 있을까? 영성 훈련은 제자훈련이나 제자도와 무슨 관련이 있을까? 제자훈련이나 제자도가 예수님을 주님으로 믿고 따르는 사람들이 제자로서 배우고 실천하는 총체적 삶이라면, 영성 훈련은 그 핵심, 즉 주님을 만나고 동행하는 내용만을 중점적으로 다룬다. 예수님을 믿는 사람이라면 누구나 가져야 할 주님과의 만남과 관계를 중점적으로 다룬다고 할 수 있다.

어떤 그리스도인들은 주님과 진정한 관계를 맺지 않은 채 신앙생활을 해나간다. 예수님을 주님이라 입으로는 말하거나 고백하지만, 주님을 개인적으로 만나지도 않을 뿐 아니라 그 말씀에 순종하며 섬기는 관계에는 들어갈 생각조차 없는 경우도 있다. 믿음이 삶의 일부에 불과한 것이다.

예수님을 만날 수 있는 방법을 모르는 그리스도인들도 있다. 교회에 가면 예수님을 만날 수 있으리라 생각했는데, 막상 교회에 다니지만 아직도 예수님을 만나지 못한 사람들이다. 어떻게 예수님을 만나는 것인지 교회에서 물어볼 사람도 마땅치 않음을 발견하게 된다. 어머니 배 속에 있을 때부터 예수님을 믿어 왔다는 모태신앙인들에게도, 교회에서 열심히 봉사하는 봉사자들에게도 도대체 어떻게 교회에서 예수님을 만나는 것인지 물어보기가 쉬운 일이 아님을 깨닫기까지는 오랜 시간이 걸리지 않는다.

수십 년간 교회에 다녔지만 주님을 만나지 못해서 영으로는 방황하는, 그것도 아주 오랫동안 방황해 온 그리스도인을 만나 본 적이 있다. 이미 여든이 넘은 이 신사분은 젊어서부터 한국의 유명한 교회에 출석하였고, 그럭저럭 계속 교회에 다녔지만 아직 주님을 만나지 못한 것이다. 게다가 이분이 믿음을 갖지 못하게 하는 걸림돌이 있었다. 함께 교회에 다니는 사람들의 이기적이고 말만 앞세우는 모습이다. 과연 하나님이 계시다면 이 사람들이 이렇게 살아갈 수 있을까 하는 의구심이 드는 것이다. 그렇다고 교회를 떠날 수도 없었다. 언젠가 예수님을 만날 수 있지 않을까 하는 작은 소망을 품고 교회 언저리에 수십 년을 머물러 있었던 것이다.

얼마 전 그분이 예배와 기도 가운데 주님을 만났다. 그때까지 미뤄 두었던 세례를 81세가 되어서 받았고, 83세에 집사 직분을 받게 되었다. 세례식 날은 감동 그 자체였다. 81세에 세례를 받은 노신사. 혹시 아직까지 주님을 만나지 못해 교회 안에서 방황하거나, 이미 세례는 받았지만 아직 주님을 만나지 못한 영혼들이 우리 주변에 많은 것은 아닐까?

예수님을 본 사람이 반드시 예수님을 믿는 것은 아니다. 예수님이 만들어 주신 빵과 물고기를 받아먹었다고 해서 예수님을 믿는 것도 아니다. 예수님께 치유받았다고 해서 다 예수님을 구주로 영접하는 것도 아니다. 예수님을 본 사람들이 모두 예수님을 믿었다면 대다수 유대인이 그리스도인이 되었을 것이다.

예수님이 만들어 주신 빵과 물고기를 먹은 사람들이 모두 예수님을 믿었다면 이미 약 9,000명의 남자들(오병이어의 현장 5,000명과 칠병이어의 현장 4,000명)과 그 자리에 함께 있던 여성이나 아이들이 모두 그리스도인이 되었을 것이다. 예수님과 사도들을 통하여 귀신으로부터 자유함을 얻고, 질병을 치유받은 사람들과 그 가족이 다 예수님을 믿었다면 수만 명 이상이 그리스도인이 되었을 것이다.

예수님을 만난 사람만이 예수님을 알고 진정으로 믿을 수 있다. 우리는 예수님을 반드시 만나야 한다. 예수님을 만나야 관계가 성립되기 때문이다. 부활하신 예수님을 만났다는 다른 제자들의 말을 믿지 못한 도마에게 예수님은 이렇게 말씀하셨다. "너는 나를 본 고로 믿느냐 보지 못하고 믿는 자들은 복되도다"(요 20:29).

예수님을 만나는 것은 성령의 역사로 우리에게 이루어진다. 예수님께서 승천하시면서 약속하신 성령님이 이 땅에 오셨다. 성령님은 하나님의 영이시고, 하나님은 곧 예수님이시기에 성령님은 예수님의 영이시기도 하다. 성령님이 우리 가운데 오셔서 이제 우리는 성령 하나님과 동거하게 되었다. 우리가 세례를 받음으로 성령님께서 우리 가운데 들어오시고, 우리 마음 전체를 주님께 드림으로 성령님은 우리 마음 중심에, 그리고 우리 마음 전체에 거하시게 된다. 모든 믿는 사람의 마음속에는 성령님이 내주하신다. "성령으로 하지 아니하고는 누구든지 예수를 주시라 할 수 없느니라"(고전 12:3하).

오늘도 성령 하나님은 우리를 만나기 원하신다. 이미 우리 마음 가운데 내주하시는 성령 하나님은 우리 안에 계시면서 우리와 대화하고 동행하기를 원하신다.

말씀 가운데 우리는 하나님을 만난다. 여기서 '말씀'이라고 번역하는 '로고스'(the Word)는 성경 말씀을 의미하지만, 성경에 쓰여진 말들 자체를 의미하는 것이 아니라 그 말씀에 깃든 '도'(道) 혹은 '진리'(眞理)를 가리킨다. 그래서 우리말로 온전히 번역하면 '말씀에 깃든 도'라고 할 수 있고, 짧게 표현해서 '도'(로고스)라고 할 수도 있겠다.

이 로고스는 예수님이다. 로고스이신 예수님은 하나님이시고, 태초부터 하나님과 함께 계셨고, 하나님과 함께 우주 만물을 창조하셨다. 이 로고스이신 성자 하나님을 통하여 우리는 하나님을 만난다. 예수님은 곧 하나님이시다. 예수님은 그 삶 자체로 우리에게 다가오셔서 말씀하셨고, 또 그가 남기신 성경 말씀들을 통하여 우리에게 말씀하신다. 말씀이신 예수님이 우리에게 다가오면 그 말씀이 살아 있고 생명력이 있어서 양날을 가진 칼보다 더 날카로워서, 사람의 마음을 꿰뚫어서 영혼과 정신을 갈라놓고, 관절과 골수를 쪼개어 그 마음속에 품은 생각과 속셈을 드러내게 된다(히 4:12).

그런데 '영성 훈련'이라는 용어는 자칫 훈련해서 잘하게 되는 운전이나 태권도와 같이 훈련을 통하여 변화되어 더욱 깊은 믿음으로 살아갈 수 있을 것이라는 느낌을 준다. 이것은 영성 훈련의 목적이 '나의 변화'에 있는 것이다. 그러나 영성 훈련은 '나'라는 주체에 초점을 두는 것이 아니라 '이웃', '타인'이라는 객체에 초점을 두는 훈련이다. 열심히 훈련해서 더 훌륭한 그리스도인이 되는 것이 아니라 '이웃과 타인'을 섬기기 위함이다.

미국의 애즈베리 신학교(Asbury Theological Seminary)에서 영성

신학을 가르치는 로버트 멀홀랜드 교수는 영성 형성(훈련)을 이렇게 정의한다. "영성 형성이란 1) 이웃을 위하여 2) 예수 그리스도의 형상을 3) 닮아가는 4) 과정이다." 왜 우리는 예수 그리스도의 형상을 닮아가려 하는가? 나의 깊은 믿음을 위해, 더 큰 상급을 위해? 틀린 답은 아니다. 하지만 예수 그리스도의 형상을 닮아가려는 것은 이웃을 위한 사랑의 헌신에 기초하고 있다. 나의 미래보다 이웃의 미래를 생각하는 것이다. 나의 믿음에서 시작하여 이웃의 믿음을 배려하려는 것이다. 그것이 예수님이 이 땅에 오신 목적, 곧 섬김을 받으려 함이 아니라 도리어 섬기려 하고, 자기 목숨을 많은 사람의 대속물로 주려 함(막 10:45)이며, 우리의 주님 되신 예수 그리스도의 형상을 닮아가려는 우리도 그러한 동일한 목적을 가져야 마땅하다.

하나님은 예전에도 말씀하셨고, 지금도 말씀하시고, 앞으로도 우리에게 말씀하실 것이다. 그럼 어떻게 하나님의 음성을 들을 수 있는가?

첫째, 하나님이 창조하신 자연을 통하여 하나님의 음성을 들을 수 있다. 하나님께서 만드신 우주 만물에는 하나님의 숨결이 깃들어 있고, 그 자연 속에서 어느 정도 하나님의 마음을 이해하며 알 수 있다. 사도 바울은 하나님이 창조하신 자연 속에서 하나님을 알 만한 것을 보이셨다고 하였고(롬 1:19), 성 프란치스코(St. Francis of Assisi, 1181/1182~1226)는 자연의 피조물들을 형제나 자매로 부르기도 하고, 새에게 설교하거나 동물들에게 이야기를 건네기도 하였다.

둘째, 하나님의 아들 예수 그리스도를 통하여 하나님의 음성을 들을 수 있다. 예수님은 이 땅에 오셔서 하나님의 말씀에 따라 하나님의 일을 온전히 이루셨다. 그래서 예수 그리스도의 말씀과 사역을 통하여 우리는 하나님의 음성을 들을 수 있다. 동방정교회에서는 '예수기도'를 통하여 늘 주님을 묵상하는데, 바로 하나님의 아들이시고 우리의 구원자 되신 예수님을 바라보며 그분에게로 우리 마음의 중심을 고정시키는 것에서 시작된다.

셋째, 기록된 성경을 통해 하나님의 음성을 들을 수 있다. "모든 성경은 하나님의 감동으로 된 것으로 교훈과 책망과 바르게 함과 의로 교육하기에 유익하니 이는 하나님의 사람으로 온전하게 하며 모든 선한 일을 행할 능력을 갖추게 하려 함이라"(딤후 3:16-17). 모든 성경이 하나님의 감동으로 되었으며, 성경은 하나님의 말씀이다. 그래서 성경 말씀을 읽고 들음으로 하나님의 말씀을 들을 수 있다. 동방정교회에서 시작된 '거룩한 독서'(Lectio Divina, 렉시오 디비나)는 요하네스 카시아누스를 통해 서방 가톨릭교회에 전달되어 베네딕도 수도 규칙의 일부가 되었고, 그 전통이 이어져서 많은 수도사와 성도들이 '거룩한 독서'를 통하여 하나님의 음성을 계속 듣게 되었다.

하나님의 음성을 듣기를 소원하는 사람들은 시대에 따라 그리고 문화와 전통·환경에 따라 기도의 전통을 세우고, 지켜 가고, 그 속에서 하나님을 만나며 하나님의 음성을 듣는 은택을 입고 있다. 오늘날 하나님의 음성 듣기를 소원하는 사람들에게 하나님은 여전히 말씀하시며, 대화하기를 원하신다. 1906년 말과 1907년 초 새벽

기도와 발을 맞추어 함께 시작된 '통성기도'의 전통은 한국 개신교에 면면히 이어져 오며 귀한 영적 전통이 되었다. 이는 부르짖는 기도로서 우리의 답답한 마음을 하나님께 아뢰며 하나님의 도우심을 간구하는 성경적 기도의 전통이라 할 수 있다. 하나님께서 말씀하셨다. "너는 내게 부르짖으라. 내가 네게 응답하겠고, 네가 알지 못하는 크고 비밀한 일을 보이리라"(렘 33:3). 예수님은 이렇게 말씀하셨다. "구하라, 그리하면 너희에게 주실 것이요 찾으라 그리하면 찾아낼 것이요 문을 두드리라 그리하면 너희에게 열릴 것이니"(마 7:7). 성경에서는 우리에게 구하라고 말씀하신다. 그러면 우리는 무엇을 구할 것인가? 주님이 이렇게 가르쳐 주셨다. "그런즉 너희는 먼저 그의 나라와 그의 의를 구하라 그리하면 이 모든 것을 너희에게 더하시리라"(마 6:33).

나의 문제를 가지고 하나님께 나아가는 것은 당연하다. 그러나 영적 성숙이 이루어지면 하나님이 나에게 원하시는 것을 알게 되고, 그것을 이룰 수 있게 해달라고 간구하게 된다. 결국 내 일과 내 소원이 아니라, 예수님이 기도하신 것처럼, 아버지의 일이 나를 통하여 이루어지도록 간구하는 믿음의 사람으로 성숙하게 된다.

시대와 문화, 환경마다 다른 기도 방법과 전통을 세우고 지켜가는 것처럼, 각자 자신에게 맞는 기도 방법들을 발견하고 이러한 기도들을 통하여 하나님의 음성을 명확하게 들을 수 있게 될 것이다. 하나님은 태초부터 지금까지 우리를 향한 연민의 마음을 품으시고 우리에게 말씀하셨고, 말씀하시며, 계속 말씀하실 것이다.

2장

첫 번째 길 —
거룩한 독서

쉬지 말고 기도하라
살전 5:17

항상 주님과 함께 거하며, 정신을 마음속에 두며,
생각이 다른 곳을 방황하지 못하게 하십시오.
혹시 생각이 다른 곳으로 벗어나면
그것을 다시 불러와서 마음의 골방에 가두어 두고
주님과 즐겁게 대화하십시오.
수도자 테오판

그리스도인이 함께 걸었던 '영성 훈련의 네 가지 길'이 존재한다. 동방 교회와 서방 가톨릭교회가 지난 2,000여 년에 걸쳐 수행해 온이 '영성 훈련의 네 가지 길'은 주님과 동행하는 길이며, 하나님 나라를 향해 나아가는 거룩한 길이다. 이제 그 첫 번째 길, '거룩한 독서'에 들어서 보자.

교회 안에 존재해 온 '거룩한 독서'의 뿌리는 먼저 유대교에서 찾을 수 있다. 유대교 전통 안에서 토라는 최고로 존중받았으며, 유대인들의 모임 가운데 토라를 읽는 것은 늘 있는 일이었다. 에스라는 바벨론 70년 포로기를 거치고 돌아온 유대인들을 수문 앞 광장에 모두 모아 놓고 하나님의 말씀을 읽어 주었다(느 8:1-3). 에스라의 노력으로 토라는 유대인 공동체 건설에서 가장 중요한 요소가 되었고, 회중에게 하나님의 말씀을 읽어 주는 것이 유대인 공동체 생활에서 중요해졌다고 볼 수 있다.

주후 70년 예루살렘 성이 황폐화된 후 토라는 유대교에서 더욱 중요한 위치를 차지하게 되었고, 각 유대교 회당은 하나님의 말씀을 읽고, 기도하고, 공부하기 위해 모이는 장소로 확정된 동시에 유대교 예배의 장소가 되었다. 예수님 당시에도 회당에서 하나님 말씀을 읽고 해석하는 것이 일반적인 일이었음을 복음서를 통해서 확인

할 수 있다(눅 4:15-16, 31, 44). 이와 같이 유대인 신앙 공동체에서 지켜져 오던 전통이 자연스럽게 기독교와 이어지게 된다.

초대교회는 유대교 경전을 읽으면서도 예수님의 말씀에 집중적으로 귀 기울였고, 후기로 가면서 그들의 기억에 있는 구전에도 귀를 기울였다. 시간이 흐르면서 기독교인들만의 복음서와 서신서 등이 나타나면서 유대인들의 경전(구약성경)과 함께 이 말씀을 듣는 데 집중하게 되었다.

이와 같은 초기 전통 아래에서, 하나님의 말씀을 묵상하는 기도인 '거룩한 독서'는 3세기 알렉산드리아의 오리게네스(185경~254경)에서 첫 기록을 찾을 수 있다. 그가 저술한 《기도에 관하여》(Origen On Prayer) 2장은 우리가 어떻게 성경 말씀으로 기도할 수 있는지 소개한다. 적어도 3세기에 이미 하나님 말씀을 묵상함으로 기도하는 것이 동방정교회에서 행해지고 있었음을 알 수 있다. 동방교회와 동방교회 수도원에서 행해지던 거룩한 독서는 '로마의 카시안'이라 불리는 요하네스 카시아누스(360경~435경)에 의해 서방 가톨릭교회로 전파되었다.

카시아누스는 360년경 로마의 스키타이(Scythia)에서 태어나 젊었을 때 베들레헴에 있는 수도원에 들어갔다. 그 후 385~386년경 친구 게르마노스와 이집트로 갔고, 399년까지 그곳에서 지내다가 콘스탄티노플에서 부제로 임명되었다. 이곳에서 그는 크리소스토무스(St. John Chrysostom)의 제자이자 열렬한 지지자가 된다. 그를 통하여 거룩한 독서를 비롯한 다양한 동방교회 수도원의 전통이 서방교회에 전달되었다.

카시아누스는 425~428년경 《기관들》(*The Institutes*)과 《컨퍼런스》(*Conferences*)를 라틴어로 저술하였다. 그는 자신이 이집트에서 받은 영적 가르침을 서방의 상황에 맞춰 개작하여 요약했다. 그의 저술들은 성 베네딕투스(480경~547)와 서방 가톨릭교회의 수도원 운동 형성에 큰 영향을 주었다. 카시아누스의 저서 일부가 4~15세기 정교회 전통 영성가들의 글 모음집인 《필로칼리아》에 수록되기도 했다.

성 베네딕투스는 529년 로마 남동쪽 몬테카시노(Montecassino)에서 수도원을 시작하였고, 539년에 《베네딕도 규칙서》(*Regula Monachorum*)를 저술하여 그에 따라 수도생활을 하게 되었다. 카시아누스의 영향을 받은 성 베네딕투스는 수도원 생활의 하루 일과에서 가장 중요한 세 가지를 일, 독서, 기도로 생각했는데, 《베네딕도 규칙서》에 따르면, 수도승들은 아침부터 저녁까지 상당한 시간 동안 구약과 신약, 시편 말씀들을 묵상하도록 권장되었다.

수도 규칙 48장에 의하면, 수도승들은 해가 짧은 겨울철인 '10월 1일부터 사순절 시작까지' 아침과 오후 늦게 독서를 하고 한낮에 일하도록 했는데, 특히 식사 후에는 개인 독서나 시편에 전념할 것을 권고했고, '부활절부터 11월 초까지'는 노동은 아침과 저녁에 하고, 무더운 낮에 말씀을 묵상하도록 했다. 사순절 동안에는 말씀 묵상에 더욱 전념하여 아침부터 오전 9시까지 약 세 시간을 각자 말씀 묵상에 힘쓰도록 했다.

6~12세기 서방교회 수도원은 거의 베네딕도 수도회였고, 다른 수도회들도 베네딕도 규칙서를 모범 삼아 자기들의 규칙서를 만들

었기 때문에 거룩한 기도(렉시오 디비나)는 성무일도(매일 일곱 번 시간을 정하여 하나님께 예배와 기도를 드리는 것)와 더불어 대부분의 수도원에서 기도 생활의 중심 역할을 했다고 할 수 있다. 12세기에 이르러 카르투시오 수도회 부원장 귀고 2세(?~1188/1193)는 《수도자들의 계단》(The Ladder of Monks)에서 거룩한 독서를 다음과 같이 4단계로 명확하게 언급하고 있다. '읽으라, 너는 구할 것이다', '묵상하라, 너는 찾아낼 것이다', '기도하라, 너는 부르짖을 것이다', '관상하라, 그러면 너희에게 문이 열릴 것이다'.

거룩한 독서는 오늘날까지도 베네딕도 수도회와 시토 수도회의 중심적인 영성 형성 활동으로 행해지고 있는데, 수도사들은 각자 오전과 오후 혹은 저녁 시간을 활용하여 한두 시간씩 거룩한 독서를 한다.

8~9세기 시내 반도에 위치한 떨기나무의 하나님의 어머니 수도원(Monastery of the Mother of God of the Burning Bush) 원장이었던 성 헤시키우스는 《경성함과 거룩에 관해서》(On Watchfulness and Holiness)에서 이렇게 말한다. "하루 종일 지성을 지키십시오. 그렇게 함으로써 하나님의 도움을 받아 우리 안에 있는 악을 억누르고 진압할 수 있을 것입니다. 영성생활을 통해 하늘나라가 주어지는데, 그 생활에는 어느 정도의 강제성이 필요합니다." 경성함과 거룩함이 이루어지게 하기 위하여 어떤 영성 훈련이 필요한가?

거룩한 독서의 필요성

하나님을 아는 것에서 자라가기를 원한다면 거룩한 독서가 그 길로 인도할 것이다. 거룩한 독서를 통하여 하나님의 마음을 명확하게 알게 될 것이고, 그래서 그분과 동행하는 걸음을 힘 있게 시작하게 될 것이다.

하나님의 창조사역에 함께하기 위하여 성도는 하나님의 뜻을 알아야 한다. 그래서 사도 바울은 "우리가 다 하나님의 아들을 믿는 것과 아는 일에 하나가 되어 온전한 사람을 이루어 그리스도의 장성한 분량이 충만한 데까지 이르리니"(엡 4:13)라고 말씀하여 하나님을 아는 일에 하나가 되라고 한다. 그는 "내 주 그리스도를 아는 지식이 가장 고상하다"(빌 3:8)고 고백하고, 성도들이 "하나님을 아는 것에 자라"(골 1:10)도록 간구한다고 했다.

시편 119편에서 시편 기자는 "내가 주께 범죄하지 아니하려 하여 주의 말씀을 내 마음에 두었나이다"(시 119:11)라고 고백한다. 하나님 앞에, 사람 앞에 범죄하지 않으려면 성도는 모든 재물을 즐거워하는 것같이 주님의 말씀을 즐거워하며 그 법도를 마음에 두어야 한다(시 119:14-16). 어리석은 자는 주의 뜻이 무엇인지 알지 못하지만, 지혜로운 자는 오직 주님의 뜻이 무엇인지 이해한다(엡 6:17).

성도가 예수님의 마음을 품지 않으면 세상의 철학과 시대의 가치관, 헛된 속임수에 사로잡히게 될 거라고 사도 바울이 명확히 가르쳐 준다(골 2:8). 마음이 텅 비게 되면 그 빈 마음은 무엇으론가 채워지게 되는데, 성도는 예수님의 마음으로 자신의 마음을 채울 것인가, 세상의 철학·시대의 가치관·헛된 속임수로 채울 것인가 생각해 보아야 한다. 큰 고통 가운데 앉았던 욥은 악한 자들이 주의 도리를 알고 싶어 하지 않는다고 했다(욥 21:14). 세상 사람들은 주님의 마음을 알고 싶어 하지 않는다. 그들은 오직 자신의 생각과 욕심으로 가득 차 있기 때문에 주님의 마음을 알고자 하는 관심과 욕구조차 없는 것이다.

성도는 그리스도 안에서 완전한 자로 세워진다. 오직 그리스도 안에만 지혜와 지식의 모든 보화가 감추어져 있다(골 2:3). 그래서 사도 바울은 성도들에게 "그리스도 예수의 마음을 품으라"(빌 2:5)고 말씀한다. 예수님의 마음을 품고 예수님을 본받으려면 성도는 예수님을 반드시 만나야 한다. 예수님의 분량까지 자라려면 예수님을 꼭 만나야 한다(엡 4:13). 예수님을 만나서 말씀을 듣고 배워야만 비로소 성도는 "그리스도 안에서 완전한 자"(골 2:28)로 세워질 수 있다.

금식해 본 사람이나 먹을 것이 없어 며칠 굶주려 본 사람이라면 음식이 우리 생명에 얼마나 귀중한지 실감하게 된다. 오늘날 고도 문명의 세계에서도 전 세계에서 수많은 사람들이 먹을 것이 없어서 굶어 죽어 가고 있다.

40일 간 금식하신 예수님께 사탄이 나아와 던지는 첫 시험은 먹는 것에 관한 것이었다. "네가 만일 하나님의 아들이어든 명하여 이 돌들로 떡덩이가 되게 하라"(마 4:3). 예수님은 신명기 8장 3절 말씀을 인용하여 이렇게 대답하셨다. "사람이 떡으로만 살 것이 아니요 하나님의 입으로부터 나오는 모든 말씀으로 살 것이라"(마 4:4). 사람은 하나님의 입에서 나오는 모든 말씀으로 산다. 광야를 건넌 이스라엘 백성은 40년 간 하늘에서 내리는 음식인 만나를 먹었지만 결국 모두 죽고 말았다. 그러나 하늘에서 내린 "생명의 떡"이신 예수 그리스도를 먹는 사람은 영생을 얻는다(요 6:35, 54). 그래서 주님은 "썩어 없어질 양식을 얻으려고 힘쓰지 말고 영원히 살게 하며 없어지지 않을 양식을 얻도록 힘써라. 이 양식은 사람의 아들이 너희에게 주려는 것이다. 하느님 아버지께서 사람의 아들에게 그 권능을 주셨기 때문이다"(요 6:27, 공동번역)라고 말씀하셨다.

하나님 말씀, 곧 성경 말씀을 받아먹은 예레미야, 에스겔, 요한의 경우를 살펴보면 그 말씀이 인간의 가장 깊은 곳에 내려가 박히고 새겨져 버린다는 것을 알 수 있다. 그래서 그 말씀대로 예언하고, 그 말씀대로 살아가게 된 것이다.

우리도 하나님의 말씀을 먹도록 초청받았다. 예수님은 하늘로부터 내려오신 생명의 떡(요 6:48)이시다. 배고픈 자는 누구든지 와서 생명의 떡이신 예수님을 먹고 영원한 생명을 얻을 수 있다. 하나님과의 만남을 갈망하며 허기진 자는 누구든지 하나님의 말씀을 먹을 수 있다. 성도가 하나님의 말씀을 먹으면 말씀이 가장 깊은 곳에 내려가 박히고 새겨져서 그 말씀대로 살게 된다. 내 속 가장 중심되고 깊은 곳에 박히고 새겨져서, 나의 생각과 의지, 가치관, 태도와 행동에까지 그 말씀이 흘러나오게 된다. 말씀 없던 사람이 말씀의 사람이 된 것이다. 생명의 떡이신 예수님이 내 안에 들어오셔서 내가 예수님의 사람이 된 것이다.

거룩한 독서를 통하여 우리는 하나님의 말씀을 듣고 먹을 수 있다. 이사야는 아침마다 하나님의 말씀으로 깨우침을 받으므로, 거역하지도 물러가지도 않겠다(사 50:4-5)라고 고백했고, 요한은 성령님이 우리에게 모든 말씀을 생각나게 해주실 것(요 14:26)이라고 말한다. 그래서 그리스도인은 과감하게 하나님의 말씀인 성경을 먹을 수 있다.

거룩한 독서 1단계 — 독서(Lectio, 렉시오)

교부들은 '성경을 듣는다'라고 했다. 글로 된 하나님 아버지의 말씀을 눈으로 읽으면서, 하나님께로부터 직접 우리 마음의 귀로 듣는 것이다. 주님께서 우리 한 명, 한 명에게 사랑의 음성으로 친히 말씀해 주시는 것이다.

9~15세기 유럽의 정신세계를 지배했던 스콜라주의는 신학에 바탕을 둔 철학 사상이다. 스콜라주의 철학자들은 아리스토텔레스의 전통 아래 논리학을 크게 발전시켰는데, 일반 철학이 추구하는 진리 탐구와 인식의 문제를 신앙과 결부시켜 생각하고 인간이 지닌 이성 역시 신의 계시와 전능함 아래에서 이해했다.

9세기부터 형성되기 시작한 스콜라주의와 더불어 서방 가톨릭교회와 수도원에서 성경 읽기와 연구 방식에서 변화가 생겨나기 시작했다. 그때까지 가톨릭교회와 수도원에서 공통으로 사용되던 성경 읽기 방식(내적 조명 방식)이 12세기에 이르러 변화가 뚜렷해지기 시작했는데 스콜라주의의 영향을 입어 학자적 접근 방식으로 성경을 연구하는 자세를 취하기 시작한 것이다.

그 결과 12세기에는 수도사들을 양성하기 위한 학교와 성당 신부/목회자들을 양성하기 위한 학교가 나뉘었다. 수도사들을 양성하는 학교에서는 여전히 '내적 조명 방식'을 고수하면서 학생들을 가르쳤는데, 학생들은 수도생활을 해가면서 영적 아버지인 수도원장의 지도 아래 개인적으로 성경 말씀과 교부들의 글을 읽어 감으로써 배워 나갔다.

반면 '외적 조명 방식'을 취하는 스콜라주의 학교에서는 7개의 기본 교양과목을 가르쳤고, 신학을 추가해서 배우는 경우도 간혹 있었다. 신부/목회자를 양성하는 학교는 성당 근처의 도시에 있었다. 지방이나 교구, 수도원 학교 등지에서 7개 기본 교양과목을 이수한 이 학교 학생들은 성당에서의 목회활동을 준비하려는 목적이 있었다. 이 학교에서는 원문과 중심 사건 자체에 대해 질문함으로 연구와 조사를 목적으로 하는 거룩한 원문에 중점을 두고 성경을 연구했다. 반면 수도사들은 개인 묵상과 기도를 중심으로 성경에 접근했다. 학자들은 원문에서 과학과 지식 및 교훈을 추구했고, 수도사들은 지혜와 이해를 추구했다.

현대 성경 접근법은 수도사들보다는 학자들과 유사한 듯 보인다. 학자들은 영적 양식으로서보다는 정보를 얻기 위한 독서에 더 치중했다. 복음주의자들이 성경을 연구할 때, 자신들의 깊은 곳에서 하나님을 만나기보다는 훈계와 원칙을 더 많이 찾는 것으로 보인다. 그 결과 설교는 하나님과의 만남 그리고 사랑보다는 하나님이 우리에게 무엇을 가르쳐 주려 하시는지에 대한 지침에 방향을 맞추는 경우가 많게 된다. 그러므로 거룩한 독서의 훈련은 모든 그리스도인으로 하여금 이러한 부조화를 보완하여 균형을 맞추어 줄 수 있을 것이다.

거룩한 독서의 첫 단계는 '본문을 듣는(읽는) 것'이다. 그날 정해진 성경 본문말씀을 펴고, 하나님께서 내 마음을 주관해 주시도록 기도하고, 주신 말씀을 내 영이 잘 깨달을 수 있도록 성령 하나님께 간구한다. 시편 기자는 "주의 말씀을 열면 빛이 비치어 우둔한 사람들을 깨닫게 하나이다"(시 119:130)라고 고백한다.

주의 말씀을 열어 읽되, 주님께서 직접 내게 주시는 말씀으로 듣는다. 아버지가 말씀하시는 것을 듣는 것처럼 찬찬히 조심해서 잘 듣는다. 말씀하시는 것을 이해할 수 없으면 왜 이런 말씀을 하셨는지 곰곰이 생각하며 듣는다. 이 말씀을 하시는 장소를 생각해 보고, 어떤 상황에서 이 말씀을 하신 것인지 생각하며, 마치 그 자리에 가 있는 것처럼 마음을 모은다.

이렇게 한 번, 두 번, 세 번 읽으면서 그 말씀 속으로 점점 들어간다. 이렇게 집중해서 말씀을 듣다 보면 주님께서 직접 나에게 말씀하시는 것을 듣게 된다. 간혹 아직 세 번 다 읽지 않았는데 하나님께서 내 영에게 많은 말씀을 주실 때도 있다. 따뜻한 손길로 위로해 주기도 하신다. 걱정 말라고 어깨를 두드려 주기도 하신다. 안타까운 자식의 문제가 떠오르면서 서러움이 북받칠 때도 다가오셔서 내 손을 잡으시며 "염려하지 마라. 내가 도와주마"라고 인자하게 말씀하신다. 처음에는 분명히 글자로 된 성경 말씀을 읽었는데, 어느새 우리는 주님의 말씀을 듣고 있고, 위로받고 있고, 주님과 대화하고 있는 것을 발견한다.

본문은 길지 않게 잡는 것이 좋다. 복음서의 경우, 예수님의 가르침과 사건 이야기 하나를 잡는 것이 좋을 것이다. 본문을 어떤 길이로 정할지에 대해서는 특별한 지침은 없지만 너무 길게 잡는 것은 적합지 않다. '거룩한 독서'를 통해 하나님의 음성을 들으려면 가장 먼저 하나님 말씀인 성경 본문을 적절하게 정하고 잘 읽어야 한다. 본문에는 누가 등장하며, 장소는 어떠하며, 무슨 내용이 있으며, 왜 이런 말씀을 하시는지 생각해 보아야 한다.

가장 먼저 말씀을 읽을 때는 그 책 전체 맥락에서 오늘 본문이 어떤 자리에 있는지 생각해 보고, 어떤 단어가 중심적으로 쓰였다면, 왜 그 단어를 썼는지 곰곰이 생각해 보아야 한다. 이렇게 본문을 두 번, 세 번 이상 읽으면 말씀이 살아 움직이면서 그 상황이 눈앞에 전개되는 듯한 느낌이 들 것이다.

성경은 시와 이미지로 충만하기 때문에 상상력을 가지고 풍부한 감수성으로 말씀을 받아들여야 한다. 말씀을 받아들일 때는 두 귀와 두 눈, 마음과 지성을 완전히 열고 예수님의 말씀을 듣는 기대감을 가지고 나아가야 한다.

성경 말씀은 글로 쓰여지기 이전에 역사적 사실로서 이 땅에서 일어난 사건들이다. 그 사건을 선지자나 예수님의 제자들, 하나님의 경건한 사람들이 성령님의 감동을 받아 글로 적어 놓은 것이다. 이 때문에 글이 가리키는 사건 속으로 들어가야 더 정확히 내용을 파악할 수 있다. 그러기 위해 '거룩한 독서'의 첫 단계에서는 가장 먼저 속도를 낮추는 것이 필요하다.

고대 수도승들에게 성경 말씀을 읽는 것은 드넓은 포도원을 가

꾸는 것과 같이 평생 걸리는 작업이라고 생각되었다. 이 단계에서 물어야 할 네 가지 기본 질문은 누가, 언제, 어디서, 무엇을 하고 있는가이다.

본문 말씀의 시제를 살펴보고, 문법을 자세히 살펴보아야 한다. 왜 여기서는 이런 동사와 명사를 사용했는지 깊이 생각해 보아야 한다. 본문에 쓰인 단어 하나하나가 모두 중요하다. 성경 저자는 어떤 의도로 오늘 본문 말씀을 기록했는지 생각해 보아야 한다. 하나님께서 우리에게 주신 지성을 가지고 본문을 자세히 살피고 그 장면을 연상하면서 내용 속으로 들어간다. 이런 과정을 통해 입으로 읽으면서 머리로 생각하던 것들이 마음으로 들어오기 시작한다.

본문에서 같은 단어를 반복하여 사용하는 것은 특별한 의미가 있음을 나타내는 경우가 많고, 간접적으로 암시하는 경우 자세히 살펴보지 않으면 참뜻을 알아채기 어렵다.

구약성경은 약간의 아람어를 제외하면 대부분 히브리어로 쓰여졌는데, 히브리어는 영어와 달리 비교급과 최상급을 사용하기보다 같은 단어를 반복함으로써 의미의 강도를 높이거나 최상급 표현을 한다. 가령 이사야 6장 3절의 "거룩하다, 거룩하다, 거룩하다"는 표현은 '가장 거룩한', '최고로 거룩한'이라는 의미를 띤다. 요한복음 6장 47절에 보면 예수님께서 "진실로 진실로 너희에게 이르노니 믿는 자는 영생을 가졌나니"라고 말씀하셨는데, 여기서 "진실로 진실로"라고 두 번 반복해서 말씀하신 것은 그만큼 강조해서 말씀한 것임을 알 수 있다.

또한 구약성경에서 그 사상에 의미와 힘을 더하기 위해 유사한 단어를 두세 번 반복해서 사용하기도 한다. 시편 1편에서 "복 있는 사람은 죄인의 꾀에 빠지지 아니하고 악인의 길에 서지 아니하고 오만한 자의 자리에 앉지 아니하는 자로다"(시 1:1)라고 표현하여, 복 있는 사람은 어떤 사람인지에 대한 사상을 더 깊고 강하게 나타낸다. 그리고 산상보훈에서 예수님이 "구하라 그리하면 너희에게 주실 것이요, 찾으라 그리하면 찾아낼 것이요 문을 두드리라 그리하면 너희에게 열릴 것이니"(마 7:7)라고 말씀하신 경우도, 구하고, 찾고, 두드리는 세 가지 유사한 표현을 통해 의미를 더욱 강렬하게 표현하신 것이다.

성경은 많은 경우 은유로 표현한다. 예를 들면, "여호와는 나의 요새이시요, 하나님은 내가 피할 반석이시라"(시 94:22)라는 말씀은 사실을 말하는 것이 아니라 여호와는 우리에게 그와 같은 분이시라는 속성을 은유로 표현한 것이므로, 은유와 사실을 잘 구별해서 읽어야 한다.

'거룩한 독서'에서 큰 도움이 되는 것은 먼저 주어진 성경 본문을 잘 듣고, 또 듣고, 깊이 생각하면서 그 상황 속으로 들어가는 것이다. 본문 말씀을 읽으면서 그 장면 속 등장인물들의 마음을 살펴보고, 예수님의 마음도 생각하며, 냄새 맡고, 구석구석 조심스럽게 바라보면서 예수님의 말씀을 듣는 것이다.

성경 말씀은 읽는 것이 아니라 듣는 것이다. 읽는 것은 읽는 주체인 내가 객체인 성경의 글을 읽고 파악하는 것이지만, 듣는 것은 우리 아버지 되신 하나님의 말씀, 우리 구세주 되신 예수 그리스도의 말씀을 나에게 친히 주신 것으로 순종하며 받아들이는 것이다. 그래서 성경 말씀은 주님께서 나에게 직접 말씀하여 주신 것임을 깨닫게 된다. 예수님은 "귀 있는 자는 들으라!"(마 13:3-9, 막 4:3-9, 눅 8:5-8)라고 말씀하셨다. 예수님은 성경 말씀을 주실 때 우리가 직접 그 음성을 듣고 순종할 것을 기대하며 요구하신다.

한 마디 덧붙이자면 거룩한 독서의 네 단계는 상호작용한다. 기독교 역사에서 수백 년간 내려오던 거룩한 독서를 오늘날의 체계로 만든 귀고 2세는 네 단계를 각 사다리의 한 단계로 생각했다. 그래서 첫째 계단에서 둘째 계단으로 규칙적으로 올라간다고 생각했다. 그러나 말씀을 읽는 가운데 갑자기 말씀에 찔림을 받아 회개의 기도가 터지기도 하고, 때로는 말씀 가운데 강력한 인도하심을 느끼며 하나님의 현존을 느끼기도 하는 것이 우리의 현실이다. 그러므로 첫째 단계는 말씀을 읽음으로 시작되지만, 그 이후부터는 반드시 규칙에 얽매여 움직인다고 할 수는 없다.

거룩한 독서 2단계 — 묵상(Meditatio, 메디타티오)

이 단계에서 우리는 '왜?'라는 질문을 던져야 한다. 누가복음 19장을 읽을 때 '왜 예수님은 여리고를 지나가시면서 세리장 삭개오의 집에 머물기로 하신 것일까?' 이렇게 질문하면 예수님은 오늘 나와 같이 죄 많고 부족한 사람에게 찾아오시는 분이심을 깨닫게 된다. 그래서 묵상은 참여다. 말씀 가운데 들어가서 그 자리에 서는 것이다.

구약성경이 쓰여진 히브리어로 '묵상하다'란 단어는 '하가'와 '시아하'를 들 수 있다. 먼저 '하가'는 '신음하다, 으르렁거리다, 입 밖으로 소리 내어 말하다, 말하다, 골똘히 생각하다'의 뜻이 있다. 시편 1편 2절에는 이렇게 나와 있다. "[복 있는 사람은] 오직 여호와의 율법을 즐거워하여 그 율법을 주야로 묵상하는도다." 아버지 하나님께서 주신 율법을 즐거워하면서 밤낮없이 늘 묵상하는 사람, 그런 사람이 복 있는 사람이다. 여기서 '묵상한다'는 것은 '묵상하다, 입 밖으로 소리 내어 말하다, 골똘히 생각하다'는 뜻이 있다.

반면 이사야 31장 4절에서는 "큰 사자나 젊은 사자가 자기 먹이를 움키고 으르렁거릴 때에"라면서, 사자가 먹이를 움키고 으르렁거리는 것도 '묵상하다'라는 단어와 같은 단어를 사용한다. 이는 맛있게 음미하며 음식을 먹듯이 하나님 말씀을 묵상하고 골똘히 생각한다는 의미가 있다.

'묵상하다'로 번역되는 또 다른 단어 '시아하'는 '근심을 털어놓다, 불평하다, 골똘히 생각하다'의 여러 가지 뜻이 있다. 엘가나의 부인 한나가 자식이 없음으로 실로의 여호와의 집에서 하나님께 자기 고통과 근심을 털어놓을 때(삼상 1:16), 욥이 여러 차례 자신의 속상한 사정을 불평할 때 사용한 단어이고(욥 7:13, 9:27, 10:1), 시편 기자들이 묵상하며(시 104:34, 개역개정판에는 '기도'라 번역했으나, 개역한글판에는 '묵상', 공동번역은 '노래'로 번역했다) 주의 법을 작은 소리로 읊조릴 때 사용한 단어이기도 하다(시 119:97, 99, 148).

위 경우에서 명확하게 알 수 있듯이 구약시대의 '묵상'이란 하나님께서 우리에게 주신 말씀을 음미하며 사자가 먹이를 움켜쥐고 핥고 또 핥듯이 마음속으로 생각하며, 좀더 나아가 고통과 근심을 여호와께 토로하듯이 마음속 깊이 담아두고 깊이 생각하며 목소리를 내서 읊조리는 것에까지 이르는 것임을 알 수 있다.

기독교 전통에서 '묵상'이란 보통 네 가지로 나타나는데, 1) 성경 말씀을 읊조리거나 암송하는 것(이는 초기 수도원 문헌에 압도적으로 많다), 2) 일상생활에서 다양한 종교적 진리들과 유익한 사상들을 마음속에 담아 두는 것, 3) 성경 말씀이나 신조, 인생, 세상 등 모든 것을 마음에 두고 생각하는 것, 4) 예수님의 생애 이야기와 같은 믿음의 진리들을 상상하면서 마음에 그려 보는 것 등을 의미했다.

거룩한 독서에서 '하나님 말씀을 묵상한다'는 것은 첫 단계인 하나님의 말씀 독서를 통해 하나님 말씀 안에 거하면서 그 말씀에 순종함으로 나아가는 것이다. 그 말씀이 진정 나에게 어떻게 말씀하시는지 순종함으로 들으며 귀 기울이는 것이다. 그래서 이 과정에서부터 우리 마음이 주님 마음을 닮아가는 과정이 시작된다.

여호수아가 온 이스라엘 민족을 이끌고 약속의 땅으로 들어가려 할 때 그에게 두려움이 엄습해 왔다. 그때 하나님께서 그에게 나타나셔서 이렇게 말씀하셨다. "이 율법책을 네 입에서 떠나지 말게 하며 주야로 그것을 묵상하여 그 가운데 기록한 대로 다 지켜 행하라. 그리하면 네 길이 평탄하게 될 것이라. 네가 형통하리라"(수 1:8). 하나님의 명령을 따라 수많은 적군들로 가득 찬 거대한 가나안으로 들어가려 할 때 여호수아는 소망 대신 두려움으로 가득 차 있었다. 그때 하나님은 여호수아에게 말씀이 입에서 떠나지 않도록 밤낮 계속해서 묵상하며 그 말씀대로 다 지켜 행하라고 하셨다. 그리하면 그의 길이 평탄하고 형통하리라고 약속해 주셨다.

묵상은 겸손함으로 말씀을 받아들이는 것이다. 예수님의 말씀을 내 생각 위에 올려놓는 것이다. 더 정확하게 말하면 그 말씀을 하시는 아버지께 나의 모든 것을 내어드리며 그 앞에 넙죽 엎드리는 것이다. 그분을 나의 주인으로 모시는 것이다. 바로 묵상에서 이 작업이 시작된다.

사도 바울이 "너희 안에 이 마음을 품으라. 곧 그리스도 예수의 마음이니"(빌 2:5)라고 한 것과 같이 바로 묵상을 통해 성령님이 우리 마음을 만지셔서 굳어진 마음이 부드러운 마음으로 변화되고 예수 그리스도의 마음을 품게 된다. 아버지의 말씀으로 우리의 의지가 움직이고 결단이 선다. 후회와 회개가 일고 정결함을 지니며 강인함을 덧입는다. 암울한 상황에서도 두려움이 사라지고 소망의 태양이 떠오른다. 이와 같은 내적 변화를 겪은 후에야 우리는 "오직 마음을 새롭게 함으로 변화를 받아 하나님의 선하시고 기뻐하시고 온전하신 뜻이 무엇인지 분별하도록 하라"(롬 12:2하)는 말씀을 이룰 수 있게 된다.

말씀을 입에서 떠나지 않게 하고 밤낮으로 묵상한다 할지라도 그 뜻대로 살지 않는다면 이는 진정한 묵상이 아니다. 하나님은 성경 말씀을 통하여 우리에게 직접 말씀하시기 때문이다. 그 말씀에 순종하지 않는다면 이는 하나님의 말씀을 듣지 못했거나 하나님의 말씀에 불순종하는 것이므로 위의 두 경우 모두 온전하게 묵상했다고 할 수 없다.

카르투시오 수도회원이었던 귀고 2세는 '거룩한 독서' 첫 단계인 '독서'가 딱딱한 음식을 입에 넣는 것이라면, 두 번째 단계인 '묵상'

은 음식을 씹어서 잘게 부수는 것이라고 하였다. 잠언 2장 4절("은을 구하는 것 같이 그것을 구하며 감추어진 보배를 찾는 것 같이 그것을 찾으면")과 마태복음 13장 44절("천국은 마치 밭에 감추인 보화와 같으니") 말씀처럼 감추어진 보배와 보화를 찾는 작업이 바로 '거룩한 독서'의 두 번째 단계인 '묵상'이라 할 수 있다.

거룩한 독서 3단계 ─ 기도(Oratio, 오라시오)

기도는 하나님과의 인격적인 만남이다. 17세기 사람 로스토프의 성 디미트리는 "기도란 정신과 생각을 하나님께 향하는 것이다. 기도한다는 것은 정신을 가지고 하나님 앞에 서며, 동요하지 않고 하나님을 응시하며, 경건한 두려움과 소망을 가지고 하나님과 대화하는 것이다"라고 말했다. 우리는 이제 세상에서 가장 존귀한 하나님과의 대화로 들어가는 문 앞에 서게 된다.

그러면 무엇을 가지고 하나님께로 나아갈 것인가? 무엇을 기도할 것인가? 절체절명의 위기의 순간에 있다면 당연히 그 두려움이 너무나 커서 나도 모르게 내 영혼 저 속에서부터 하나님께 부르짖게 될 것이다. 그러나 성경은 우리의 이해를 뛰어넘는 진리를 가르쳐 준다.

예수님께서 한밤중에 성난 파도와 싸우며 앞으로 나아가지 못하고 있는 제자들에게 갈릴리 호수를 걸어서 찾아 오셨다. 제자들이 귀신이라 외치며 두려워할 때 예수님께서 "안심하라, 내니 두려워하지 말라"(마 14:27)라고 말씀하셨다. 지금까지 밤새 제자들은 거센 파도와 싸우며 앞으로 나아가지 못하고 있었다. 성난 파도로 생명까지 위험할 지경이었다. 그런데 바로 거기에 이제까지 산에서 기도하시던 예수님께서 제자들의 고난의 상황을 아시고 그들을 구해주려고 찾아오신 것이다. 다시 말하면, 주님은 우리의 고통과 아픔을 모두 아시는 것이다.

강대국 애굽에 국무총리 가족들로 초청되어 갔던 이스라엘 백성이 세월이 지나 애굽에서 노예로 전락하고 감당키 고된 노동으로 탄식하며 부르짖을 때 하나님은 이미 그들의 고통을 알고 계셨고, 그들의 신음소리와 고통소리를 들으셨다(출 2:24)고 했다. 주님은 우리가 부르짖기도 전에 이미 우리의 고통과 신음, 절망과 좌절, 위기와 두려움을 모두 알고 계시며 보고, 듣고 계신 것이다. 여기에 우리 아버지 하나님, 그리고 예수님의 역설이 있다.

다시 베드로 이야기로 돌아가 보자. 베드로가 예수님을 향해 물위를 걷다가 거침없이 다가오는 성난 파도를 바라보았다. 이미 예수님이 거기 오셔서 그들과 함께하고 계신데 베드로는 예수님을 바라보기보다는 성난 파도를 바라보자 이내 두려워졌고 물속으로 빠져들어가기 시작했다.

다시 말하면, 두려운 상황에서 우리가 마땅히 해야 할 일은 예수님을 바라보는 것이다. 물론 그 상황을 넘기게 해 달라고 기도할 수도 있겠지만, 또 종종 그렇게 기도하지만, 그것은 잠깐의 방편인 것이다.

주님과 함께 있으면 주님께서 우리를 다스려 주신다. 주님은 언제 어디서나 우리를 지켜 주는 분이시다. 그래서 예언자들과 시편 기자들은 반복해서 "주님이 다스리신다. 우리 하나님께서 다스리신다"(대상 16:14, 시 9:7-8, 29:10, 93:10, 96:10, 98:9, 105:7, 146:10, 사 40:10, 겔 12:10, 단 4:26, 6:26)라고 큰소리로 외친 것이다.

위기가 닥칠 때만 기도하려 하면 결국 기도에 게을러지거나 기도를 멀리하게 될 것이다. 건강이나 가정, 삶에서의 어려운 문제만으로 기도하려 한다면, 결국 주님의 도움이 필요할 때만 주님을 찾아가는 것이며, 우리와 주님은 이렇게 가끔씩 어려움에 봉착했을 때만 만나게 될 것이다.

그러나 기도에 대한 진실은 이와 다르다. 하나님은 태초부터 우리와 대화하기를 원하셨고 지금도 원하신다. 우리가 하나님 나라에 가도 하나님은 우리와 대화하기를 원하실 것이다. 그러므로 만물의 창조주 되신 삼위일체 하나님과 대화하는 것이 우리에게 주어진 올바른 믿음의 삶이며, 우리는 반드시 하나님 안에 머무르며 동행해야 올바른 믿음의 길을 걸을 수 있다.

'거룩한 독서'는 나 자신에게 문제가 생겼을 때만 하나님께 나아가던 사람을 하나님의 나라와 의를 간구하는 사람으로 변화시킨다. 그것은 하나님이 간절히 원하시는 것이다. 예수님은 살아 계셔서 우리를 위하여 간구하신다(히 7:25, 요 17:6-26). 말씀 앞에 자기 자신을 세워 놓고 겸손하게 주님을 바라보고 있으면 자신도 모르는 사이에 회개가 솟구쳐 오르는 것을 경험한다. 또한 치유와 회복을 갈망하면서 하나님께 간절한 마음으로 다가가게 된다. 불순종의 마음을 저버리면서 순종의 사람이 되게 해달라고 하나님께 간구하게 된다. 말씀 묵상을 통하여 깨닫게 된 진리를 두고 그 진리가 우리 자신을 주장하도록 간구하게 된다.

'독서'와 '묵상'의 단계에서는 몸과 정신과 마음이 하나님의 말씀 가운데로 들어가 거하면서 주님의 말씀을 듣고 생각하고 돌아서며 회개하고 주님의 마음을 깨닫게 되는데, '기도'의 단계에서는 우리가 하나님과 쌍방통행, 즉 대화를 이루게 된다. 이제까지 내가 하나님의 말씀을 들었고, 그 들은 말씀을 곰곰이 생각하며 음미하고 그 말씀 속에 들어가 있었다면, 이제는 말씀하시는 주님, 곧 로고스(말씀)이신 주님과 대화를 주고받는 단계로 들어가는 것이다.

대화는 양방향이다. 자신의 욕심으로 형 에서를 낙담시키고 장자권과 더불어 축복권까지 빼앗아 달아나던 야곱이 루스 땅에서 야영을 하게 되었다. 두려움과 죄책감, 외로움과 후회까지 몰려드는 가운데 피곤에 지쳐 돌베개를 베고 잠이 든 야곱에게 하나님이 나타나셔서 그에게 복을 주리라고 약속하셨다(창 29장). 야곱은 잠에서 깨어 일어나 자기가 베고 잤던 그 돌을 기둥으로 세우고 그 위에 기름을 붓고 그곳 이름을 벧엘, 곧 '하나님의 집'이라 부르면서, 이렇게 하나님께 말씀드리며 약속했다. "하나님이 나와 함께 계셔서 내가 가는 이 길에서 나를 지키시고 먹을 떡과 입을 옷을 주시어 …… 여호와께서 나의 하나님이 되실 것이요 …… 하나님께서 내게 주신 모든 것에서 십분의 일을 내가 반드시 하나님께 드리겠나이다"(창 28:20-22).

여기서 나타나는 기도는 양방향이다. 하나님께서는 야곱의 꿈속에서 복을 주리라 말씀하셨고, 야곱은 꿈이 깨어 약속의 말씀을 드렸다. 비록 서로 다른 상황에서, 즉 꿈속에서 말씀하신 하나님과 야곱이 잠이 깨어 이에 응답하는 대화이기는 하지만 하나님은 우리 기도에 늘 귀 기울이시는 분이기에 이는 양방향이다.

우리가 확신하는 바와 같이 하나님은 늘 우리 기도를 들으신다. 그래서 다윗은 이렇게 고백하였다. "기도를 들으시는 주여, 모든 육체가 주께 나아오리이다"(시 65:2). 영이신 하나님은 우리와 음성으로도 대화하시지만 주로 영으로 대화하신다. 우리의 대화 방법이 주로 음성과 생각, 마음이라면 하나님은 그 음성을 넘어서서 영으로 우리를 만나 주시고 대화하신다. 대화는 동의가 될 때도 있고 동의가 이루어지지 않을 때도 있다. 이해가 갈 때도 있고 그렇지 않을 때도 있다.

야곱이 삼촌 라반의 집에서 결혼도 하고 자녀도 얻고 거부(巨富)가 되어 이스라엘 땅 아버지에게로 돌아올 때, 고향이 가까워오면 가까워올수록 그는 자기가 형 에서에게 저지른 죄로 말미암아 보복을 받을까 염려하며 두려움에 휩싸이게 되었다. 온 식구들과 모든 가축을 얍복 강 건너로 보낸 후, 야곱은 혼자 남아 하나님께 부르 짖었다. 야곱은 밤새 포기하지 않고 하나님의 한 천사를 붙들고 밤이 새도록 씨름을 하게 된다. 의견의 일치가 이루어지지 않았던 것이다. 결국 천사가 야곱의 환도뼈를 위골(違骨)시킨 후 말하기를 "네 이름을 다시는 야곱이라 부를 것이 아니요 이스라엘이라 부를 것이니 이는 네가 하나님과 및 사람들과 겨루어 이겼음이니라…… 거기서 야곱에게 축복한지라"(창 32:28-29) 하였다.

하나님과 대화 가운데 우리가 의뢰하고 부탁드리는 것은 당연하다. 그런데 하나님은 종종 우리의 간구를 어떤 이유로든 거절하실 수도 있고, 우리가 간구하는 것보다 훨씬 나은 것으로 베풀어 주시는 경우도 있다. 그러나 우리의 간구에 못 이겨 우리의 뜻을 들어주시는 경우도 많다. 이와 같이 기도는 하나님과의 대화이므로 내가 원하는 바만 이루어지지는 않는 것이다. 베드로는 예수님의 질문에 훌륭한 대답을 하기도 했으나("주는 그리스도시요, 살아 계신 하나님의 아들이시니이다." 마 16:16), 자기 착각에 빠진 대답으로 예수님께 책망을 듣기도 했다("주여 그리 마옵소서 이 일이 결코 주께 미치지 아니하리이다." 마 16:22-23). 베드로가 보여 준 바와 같이 예수님은 살아 계신 분이고, 우리는 그분과 대화할 수 있다. 이것이 오늘 우리의 기도이다.

거룩한 독서 4단계 — 관상(Contemplatio, 콘템플라티오)

'거룩한 독서'의 마지막 단계인 관상(觀想)은 신비의 영역으로, 이 단계에서 우리는 말하기를 멈추고 자신을 계시해 주시는 주님을 바라보며 조용히 그분의 말씀을 듣는다. 변화산에 올랐던 베드로와 야고보, 요한은 잠결에 모세와 엘리야가 예수님과 대화하는 광경을 보게 되었다. 이때 베드로는 그곳에 초막 셋을 짓겠다고 했는데, 사실 예수님이 변형되신 초자연적 장면을 목격하면서 자신이 무슨 말을 하고 있는지도 모른 채 이 말을 한 것이라고 성경에 기록되어 있다(막 9:6, 눅 9:33).

이처럼 관상에서는 이루 말로 표현할 수 없는 엄청난 광경과 신비를 목격하거나 거기에 참여하게 된다. 관상은 내가 노력해서 얻을 수 있는 것이 아니라 그저 독서와 묵상, 기도를 통하여 점차 주님께로 가까이 나아가고 있는 우리를 하나님이 영적 세계로 끌어올려 주셔서 이 모든 신비와 영적 관계, 영광과 환희를 허락해 주시는 것이다. 주님께서 천상의 세계를 우리에게 열어 보여 주시고, 불러 주시도록 간절히 사모할 따름이다.

귀고 2세는 관상이란 우리 정신이 어떤 알 수 없는 방법에 의해 하나님께 올려져서 그 높은 곳에 머무는 때라고 생각한다. 그래서 그 높은 곳에서 우리는 영원한 단내가 흘러나오는 기쁨을 맛보게 된다. 그에 의하면, '독서'는 복된 삶의 단맛을 찾는 것이며, '묵상'은 그 단내를 느끼는 것이며, '기도'는 그것을 간구하는 것이고, '관상'은 그 단내를 맛보는 것이다.

'거룩한 독서'에서 첫 세 단계인 독서, 묵상, 기도는 끈질긴 노력이 필요하지만, 마지막 네 번째 단계인 관상에서는 노력이 필요하지 않다. 오직 하나님께서 자신을 우리에게 보여 주시며 우리를 초청하시는 것이다. 그래서 관상에서는 겸손한 마음으로, 하나님의 부르심을 기다리는 가난한 영혼으로 하나님만 바라볼 따름이다. 우리는 이 땅에 살면서 영원한 하나님의 나라를 열망하며 살아간다. 그런데 바로 이 관상의 단계에서 우리는 영광과 환희, 사랑과 기쁨으로 가득 찬 하나님의 나라를 맛볼 수 있게 된다. 한번 이 맛을 본 사람은 이를 어떻게 표현할 수 없으나 이 경험을 바탕으로 언젠가 우리가 들어갈 하나님의 나라를 갈망하며 더욱더 사모하게 된다.

관상을 통하여 우리는 하나님의 끝없는 사랑, 예수 그리스도의 숭고한 헌신과 사랑에 눈뜨게 된다. 그리고 우리 자신도 주님처럼 사랑의 사람으로 변화되어 있는 것을 발견하게 된다. 내가 스스로 결단하고 노력하여 변화하는 단계를 넘어서서 관상을 통하여 주님의 초청을 받아 그 영광과 환희, 사랑과 기쁨을 맛본 사람은 그 마음 중심에서부터 예수님을 닮은 하나님의 사람으로 변화된다. 상황에 따라 믿음이 흔들렸지만 하나님을 맛보고 온전히 성숙한 그리스도인으로 변화된다.

이와 같이 천상의 세계를 경험(고후 12장)했던 사도 바울이 이렇게 고백했다. "내가 그리스도와 함께 십자가에 못 박혔나니 그런즉 이제는 내가 사는 것이 아니요 오직 내 안에 그리스도께서 사시는 것이라. 이제 내가 육체 가운데 사는 것은 나를 사랑하사 나를 위하여 자기 자신을 버리신 하나님의 아들을 믿는 믿음 안에서 사는 것이라"(갈 2:20).

흔들림 없는 믿음으로 완전하고 성숙한 믿음의 사람으로 변화되는 것은 이와 같이 하나님께 부름 받아 영광과 환희, 사랑과 기쁨, 신비로 가득 찬 영원한 하나님의 나라를 잠시나마 혹은 부분적으로라도 맛보았을 때 더욱 강력하게 이루어지게 된다. 그래서 누구든지 관상에 이르는 것은 순전히 하나님의 은혜와 선물로서 얻게 되는 것이다.

관상의 단계에 이른 사람은 그 중심부터 완전히 변화되기 때문에 새로운 사람으로 거듭나게 된다. 그 결과 세상에서 하나님의 사랑을 온전히 행하는 하나님의 사람으로 살아가게 된다. 이로써 사랑이 온전히 꽃을 피우게 된다. 그리고 이런 사람은 하나님의 사랑을 일상에서 이루며 살아가게 된다. 영의 문제가 물질세계를 지배하고 더 이상 세상을 사랑하지 않게 된다.

관상은 이처럼 초월적인 영적 세계로의 초대이며 주님께서 우리에게 신비의 세계를 열어 주시는 것이지만, 이런 하나님과의 깊은 교제를 통하여 우리는 더욱 새로워지고 온전해지며 예수 그리스도를 닮아가는 사람들이 된다.

기독교 역사에서 성 그레고리우스(갑바도기아 교부, 329/330~389/390)는 관상의 세계에 들어가고 하나님과의 만남을 준비하기 위하여 외적 활동을 쉬는 것이 필요하며 중요하다고 생각한 반면, 성 바실리우스(갑바도기아 교부, 329/330~379)는 관상의 결과로 이루어지는 것에 더욱 관심을 기울여 기도와 더불어 하나님의 사람, 성령의 사람으로서 이 땅에서 적극적인 삶을 이루어 가야 할 것을 권장하였다.

독일의 도미니크회 설교자 마이스터 에크하르트(260경~1328경)는 설교에서 관상을 이렇게 표현하였다. "누군가가 성 바울처럼 삼층천을 방문하는 황홀경에 빠져 있는데 어떤 병자가 그로부터 국한 그릇을 얻어먹어야 할 처지에 있다는 것을 알았다면, 나는 사랑을 위해 황홀경을 버리는 것이 훨씬 낫다고 생각할 것이다." 에크하르트에게 관상이란 읽은 말씀을 살아 내는 것을 의미한다. 관상의 삶은 특별한 삶이 아니며, 기독교적 삶 그 이상도 이하도 아니다. 그러나 그것은 반드시 말씀대로 살아낸 삶이어야 한다고 주장한다.

'거룩한 독서'에서 관상의 단계에 이르는 것은 '거룩한 독서'를 하는 모든 이의 소망일 것이다. 특별히 현대 그리스도인들은 관상의 단계를 쉽게 경험할 수 없기 때문에 정말 요원한 것이 되었다. 그러나 천상의 세계에 초청받아 그 신비한 세계에 들어가 하나님의 영광과 환희, 사랑과 기쁨으로 가득 찬 하나님의 나라를 맛보기를 열망하는 사람은 결국 하나님의 은총을 덧입어 그 나라를 맛볼 수 있을 것이다. 그리고 그 나라를 맛본 사람은 성 바실리우스와 에크하르트의 주장과 같이 일상의 삶 자체가 하나님 안에서만 나타나게 되고, 그럼으로 늘 하나님 안에 거하며, 하나님이 그의 안에 거하는 거룩한 동행이 이루어지게 된다. 이에 관한 주님의 말씀을 들어보자. "너희가 내 안에 거하고 내 말이 너희 안에 거하면 무엇이든지 원하는 대로 구하라 그리하면 이루리라"(요 15:7).

우리가 하나님 안에 거하는 것은 형용할 수 없는 환희가 아닐 수 없다. 이 죄인이 주님 안에서 죄를 용서받고 하나님의 자녀 되어 이제 하나님 안에 거하는 자가 되었으니 이보다 더한 기쁨이 어디 있을까! 그리스도인은 이 단계에 이르러야 한다. 그래야 참 믿음의 맛을 알 수 있다. 가족과 떨어져 수도원에 살지 않아도 된다. 세상을 떠나 깊은 산 속으로 들어가지 않아도 된다. 수도복을 챙겨 입거나 머리를 밀지 않아도 된다. 하나님의 말씀을 먹을 때, 먹은 말씀이 우리 가장 깊은 곳에 박히고 새겨져서 우리의 속사람과 겉사람을 모두 변화시키고, 주님을 닮은 사람으로 나아가면서 오직 하나님 안에서만 발견될 때, 바로 그때 우리는 관상의 단계를 경험하게 된다. 거룩한 독서를 통하여 우리가 주님 안에, 내가 주님 안에, 그리고 주님이 우리 안에 거하시는 그 신비란 …… 우리는 거룩한 독서를 통하여 하나님과의 연합의 신비를 알게 될 것이다.

3장

두 번째 길 — 예수기도

하나님이여 불쌍히 여기소서 나는 죄인이로소이다
눅 18:13

주 예수 그리스도
하나님의 아들이시여
죄인인 나를
불쌍히 여기소서
예수기도

어떻게 쉬지 않고 계속 기도할 수 있을까? 데살로니가에 보내는 첫 편지에서 사도 바울은 성도들에게 쉬지 말고 기도할 것을 권했다. 사도들이 어떻게 쉬지 않고 기도할 수 있었는지에 대해 바실리우스는 그들이 행하는 모든 일에서 하나님을 생각하고 하나님께 헌신하며 삶으로 이러한 영적 상태가 곧 그들의 끊임없는 기도라고 생각했다.

초기교회 지도자들과 성도들은 성령 충만한 가운데 기도생활에 힘을 쏟았다. 주님과의 만남을 사모하며 늘 주님 안에 거하기를 사모했던 이들은 "쉬지 말고 기도하는 것"(살전 5:17)이 무엇을 의미하는지 알기를 원했다. 이 질문에 적절하게 답한 사람은 수도사 카리톤으로 보인다. 러시아 정교회 수도사인 그는 핀란드와 러시아의 국경 지대인 라도가 호(Lake Ladoga) 안에 있는 섬에 위치한 발라모(Valamo) 수도원의 수도사다. 그는 《기도의 기술》(The Art of Prayer)에서 쉬지 말고 기도하라고 한 이유를 두 가지로 설명한다.

먼저, 성경에서 '항상'이라는 단어는 '종종'이라는 의미로 사용되는데, 예를 들어 "제사장들이 항상 첫 장막에 들어가 섬기는 예식을 행하고"(히 9:6)는 제사장들이 밤낮 쉬지 않고 첫 장막에 들어갔다는 의미가 아니라 정해진 시간마다 성소에 들어가서 섬겼다는 의

미이다. 이처럼 사도 바울이 쉬지 말고 기도하라는 말의 의미도 '종 종 기도하라'는 의미로 생각할 수 있다.

다음으로, "쉬지 말고 기도하라"는 것은 '정신에 의해 행하는 기 도의 의미'로 이해할 수 있다. 무슨 일을 하고 있든지 그의 정신은 늘 하나님을 향할 수 있고, 이런 식으로 쉬지 않고 하나님께 기도할 수 있다고 설명한다. 그런데 두 가지 설명 중의 어느 하나를 취한다 하더라도 우리는 과연 어떻게 쉬지 않고 계속 기도할 수 있을까?

예수님께서 승천하신 후 마가의 다락방에 함께 모였던 사람들은 예수님이 약속하신 성령을 기다리며 기도에 힘을 쏟았다. 며칠 지 나지 않아 오순절이 되어 다 한 곳에 모였는데 강력한 성령이 각 사 람 위에 임했다. 이렇게 성령의 충만함을 받은 사람들은 외국어 방 언으로 말하며 오순절을 지키기 위해 예루살렘으로 모여든 사람들 에게 예수님의 이름을 증거하였다.

성령 충만함을 받은 후, 이들은 한 마음으로 함께 모여 견고하게 끊임없이 사도들의 가르침을 받고, 서로 교제하며 음식을 나누고, 기도에 힘을 쏟았다(행 1:14, 2:42). 이들이 '견고하게 끊임없이' 행한 것은 네 가지인데, 사도들의 가르침을 받았고, 서로 교제하였고, 음 식을 나누었고, 기도에 힘을 쏟았다. 한글 개역개정 성경에는 "오로 지 기도에 힘썼더라"(행 1:14), 그리고 "오로지 기도하기를 힘쓰니라" (행 2:42)로 번역해서 오로지 기도에 힘쓴 것으로 이해되지만, 원어 에는 기도뿐만 아니라 위에 언급한 네 가지 모두에 '견고하게 끊임 없이' 힘을 쏟았다고 기록되어 있다.

초대교회 성도들이 이미 견고하게 끊임없이 기도하고 있는 상황에서 사도 바울은 데살로니가 교인들에게 보내는 첫 번째 편지에서 "쉬지 말고 기도하라"(살전 5:17)고 명한 것이다.

콘스탄티노플 대주교였던 크리소스토무스는 "기도하면서 지나치게 말을 많이 하는 사람은 기도하는 것이 아니라 잡담을 하는 것이다"라고 말했다. 마케도니아의 도시 오흐리드(Ohrid)의 대주교였던 성 테오필락투스(1050경~1107경)는 마태복음 주석에서 "길게 기도해서는 안 된다. 짧게 자주 하는 편이 낫다"고 했고, 마태복음 6장 7절을 해석하면서 "필요 없이 말을 많이 하는 것은 잡담이다"라고 했다. 사도 바울도 "깨달은 마음으로 다섯 마디 말을 하는 것이 일만 마디 방언으로 말하는 것보다 나으니라"(고전 14:19)라고 말했다.

개신교에서는 교단에 따라 차이가 있지만 대체로 말을 많이 하는 기도를 택해오고 있다. 한국식 기도(Korean Prayer)로 알려진 통성기도는 지난 100여 년간 한국에서 크게 유행했고 지금도 그 명맥을 유지하고 있다. 통성기도는 온 회중이 합심하여 부르짖어 기도하는 방식으로, 가톨릭교회의 묵주기도나 전례기도, 동방정교회의 묵주기도나 예수기도와는 많은 차이가 있다.

통성기도는 평양대부흥 운동을 이끈 길선주 목사(1869-1935)에 의해 새벽기도와 함께 시작되었다. 통성기도는 사도행전 2장에 있는 초대교회 오순절 성령강림의 역사에서 나타나는 현상으로서의 기도 형태, 그리고 1905년 미국 아주사 성령부흥운동에서 어느 정도 유사성을 찾을 수 있다. 교단과 교파를 초월하여 한 세기 동안 한국 교회를 세우는 데 크게 기여한 통성기도의 특성과 장점을 생각하면서도 '말을 많이 하지 않는 기도'는 어떤 기도인지 생각해 볼 필요가 있다.

예수님은 당시 기도할 때 외식하는 사람들이 '사람들에게 보이려고 회당과 큰 길 입구에 서서 기도하는 것'(마 6:5)을 경계하셨다. 예수님 당시 신실한 유대인들은 어디에 있든지 오전 9시, 정오, 오후 3시에 기도 시간을 지켰는데, 이때 습관적으로 혹은 다른 사람들에게 보이기 위하여 기도하는 경우가 많았다. 이와 더불어 예수님은 서기관들과 같이 '외식으로 길게 기도하는 것'(막 12:40)을 본받지 말라고 말씀하시면서 '이방인들과 같이 기도할 때 중언부언하지 말라'(마 6:7)고 가르쳐 주셨다. 그렇다면 우리는 어떻게 기도할 것인가?

기도란? 예수기도란?

수도자 테오판(Theophan the Recluse)에 의하면 '기도란 정신과 마음을 하나님께로 들어 올려 하나님께 감사하고 찬양하며, 영적으로나 육체적으로 필요한 선한 것들을 간구하는 것'이다. 테오판은 기도의 본질은 영적으로 마음을 하나님을 향해 들어 올리는 것이며, 정신은 의식적으로 합당한 경외심을 가지고 하나님 앞에 서며, 자신을 하나님 앞에 쏟아 놓는 것이라고 설명한다. 이와 같은 기도가 영적인 기도이며, 모든 기도는 이런 본질을 지녀야 한다는 것이다. 즉 기도할 때 중요한 것은 하나님 앞에서 마음속에 정신을 두고 서는 것이며, 죽을 때까지 밤낮 쉬지 않고 하나님 앞에 서는 것이라고 가르쳐 준다.

예수기도는 내적인 기도를 위해 사용할 수 있는 기도 방법의 하나다(그러나 동방정교회 내에서는 예수기도가 내적인 기도와 거의 동일시되는 경향이 있다).《필로칼리아》나 다른 영적 도서에서는 예수기도를 쉬지 않고 드리는 기도에 도달하는 '신속한 방법'이라 여기고, 주의를 집중하며 정신을 마음속에 두기 위한 가장 훌륭하고 쉬운 방법이라고 권장한다.

바쁘게 돌아가는 매일의 삶 속에서 혹은 의미를 잃어버리고 목표 없이 흘러가는 일상 속에서 정신과 마음이 산란하게 내버려지면 마음이 혼란하고 하나님께 집중할 수 없다. 그래서 의지를 가지고 정신을 모아 골방인 마음으로 들어가야 하나님을 만날 수 있다. 정신을 모아 예수기도에 집중하면 마음 안에 있는 영이 깨어나고 하나님을 만나게 되면서 정신과 마음이 하나로 결합하여 하나님과 함께하며 하나님의 인도하심을 받아 마음에 평화를 얻고 정신이 집중되어 바른 길로 나아갈 수 있는 힘을 얻게 된다.

수도자 테오판은 하나님과의 교제에는 세 종류가 있다고 한다. 첫째는 대화할 때 생겨나는 것으로, 생각과 의도 안에서의 교제이다. 나머지 두 종류는 실질적인 것인데, 그중 하나는 감추어져 있어 사람들에게 보이지 않고 자신도 알지 못하는 것이며, 다른 하나는 자기 자신이나 다른 사람들이 분명히 알 수 있는 것이다. 영성생활은 첫째 종류의 교제로부터 셋째 종류의 교제, 곧 참되고 살아 있는 의식적인 교제로 이동하는 데 있다.

예수기도의 기원은 신약 시대나 그 이전 구약 시대로 올라간다. 구약 시대 유대인들은 하나님의 이름을 그의 위격의 확장이요, 존재의 계시요, 능력의 표현으로 생각했다. 이런 전통을 물려받은 초대 기독교도 예수님께서 성육신하실 때 얻으신 '예수'라는 이름을 존중했다. 예수님 스스로도 자기 이름으로 무엇이든 구하면 얻을 것이라고 말씀하셨다(요 15:23-24). 베드로도 유대인들 앞에서 "천하 사람 중에 구원을 받을 만한 다른 이름을 우리에게 주신 일이 없음이라"(행 6:10, 12)고 선포했다. 사도 바울도 빌립보 교회에 보내는 편지에서 "이러므로 하나님이 그를 지극히 높여 모든 이름 위에 뛰어난 이름을 주사 하늘에 있는 자들과 땅에 있는 자들과 땅 아래에 있는 자들로 모든 무릎을 예수의 이름에 꿇게 하시고"(빌 2:9-11)라고 했다. 이런 성경구절들을 떠올려 보면 예수기도를 할 때 예수님의 이름을 부르는 관습이 어떻게 발달되었는지 쉽게 이해될 수 있다.

예수기도를 형성하는 성경 자체 기록도 찾아볼 수 있다. 한 소경은 예수님께 이렇게 간절히 외쳤다. "다윗의 자손 예수여 나를 불쌍히 여기소서"(눅 18:38). 또한 세리는 이렇게 기도했다. "하나님이여 불쌍히 여기소서 나는 죄인이로소이다"(눅 18:13). 이와 같이 예수기도는 성경 자체에서 취해졌다.

예수기도의 발전

성경 자체에서 예수님의 이름으로 기도할 것을 명했고, 성경 원문에 예수기도와 흡사한 형태가 있음에도 예수기도가 현재의 기도 형태로 정착되기까지는 어느 정도 시간이 걸렸다. 예수기도는 4세기에 이집트에서 수도원 운동이 발흥하며 등장했는데, 사막 교부들은 계속해서 드리는 기도의 이상을 강조하면서 '은밀한 묵상' 또는 '하나님을 기억함'을 내면에서 실천해야 한다고 주장했다. 이렇게 지속적으로 하나님을 기억할 수 있도록 그들은 짧은 기도공식을 반복 사용했다. '주님, 도우소서!', '하나님, 속히 나를 구원하소서. 주님, 서둘러 나를 도우소서!', '하나님의 아들이신 주님 나를 불쌍히 여기소서', '저는 인간으로서 범죄하였습니다. 하나님이신 당신께서 불쌍히 여기옵소서!' 같은 것들이다. 수도원 운동 초창기에는 이런 짧은 기도문을 변형한 것이 무척 많았다.

우리가 알고 있는 예수기도의 완벽한 형태, 즉 '하나님의 아들, 주 예수 그리스도시여, 나를 불쌍히 여기소서!'를 처음 기록한 것은 6-7세기 이집트의 은수사 필레몬의 전기에서 발견된다. 예수기도는 많은 기도 공식 중의 하나였지만, 다른 기도와 비교할 수 없는 장점인 거룩한 이름을 포함하고 있었다. 그리고 세월이 흐르면서 사람들이 다른 기도 공식보다 이 기도를 선호하게 되었다. 그러나 예수기도에서 능력은 말에 있는 것이 아니라 예수님을 부르면서 바라보며 생각하는 것과 그런 마음에 있었다.

예수님은 주기도문(Lord's Prayer)을 비롯하여 기도에 관하여 제자들에게 여러 차례 가르침을 주셨다. 그중 첫 번째 가르침은 마태복음에 이렇게 기록되어 있다. "너는 기도할 때에 네 골방에 들어가 문을 닫고 은밀한 중에 계신 네 아버지께 기도하라 은밀한 중에 보시는 네 아버지께서 갚으시리라 또 기도할 때에 이방인과 같이 중언부언하지 말라 그들은 말을 많이 하여야 들으실 줄 생각하느니라"(마 6:6-7).

시장과 큰 길 입구에 서서 많은 사람의 주목을 받으며 오랫동안 기도했던 서기관들은 경건한 모양새로 오랜 시간 동안 서서 기도했지만 그들은 다른 사람들의 존경을 사려고 의식적으로 자신의 기도하는 모습을 드러내며 기도하였다. 예수님은 이들의 외식을 비판하셨다. 이와 더불어 이방인들과 같이 중언부언, 곧 쓸데없는 빈 말을 되풀이하지 말라고 가르쳐 주셨다.

다른 한편 예수님은 '네 골방에 들어가 문을 닫고' 은밀한 중에 계시는 아버지께 기도하라고 가르쳐 주셨다. '나의 골방'은 장소 문제이기보다 인간 내면을 가리킨다. 예수님 당시 신실한 유대인들이 지켜오던 오전 9시 기도, 정오기도, 오후 3시 기도는 여러 면에서 유익한 것이었지만 자기 신앙을 사람들에게 드러내어 존경받으려는 의도로 기도한다면 이는 외식적인 기도이다. 그래서 예수님은 우리에게 "네 골방에 들어가 문을 닫고" 기도하라고 하셨다.

예수님은 하나님의 나라가 믿는 이들 마음속에 있다고 말씀하셨다. 성령 하나님이 계신 곳, 바로 우리 마음속에 하나님이 계시고, 하나님이 다스리시는 곳이 바로 하나님의 나라다. 그래서 성경에서는 "무릇 지킬 만한 것보다 네 마음을 지키라 생명의 근원이 이에서 남이라"(잠 4:23)라고 기록하고 있다.

하나님과의 만남과 교제를 위하여 우리는 우리 마음속으로 들어가야 한다. 골방에 들어가야 하나님을 만날 수 있다. 믿음과 인생에 관해 진실한 친구와 이야기를 나누는 것도 좋고, 전문가의 도움을 받는 것도 유익하며, 상담을 받는 것도 좋겠지만 하나님 아버지의 말씀을 들으려면 가장 먼저 자신의 마음의 골방으로 들어가야 한다. 바로 거기서 아버지 하나님께서 우리를 기다리고 계신다. 그래서 예수님은 하나님을 만나기 위해서는 마음의 골방에 들어가야 한다고 말씀하신 것이다.

하나님이 우리에게 말씀하시는 곳, 하나님과 만나는 곳, 그곳은 바로 우리 마음이다. 테오판은 마음을 인간에게서 가장 심오한 부분이며 영이고, 이곳에 자의식 양심, 하나님에 대한 생각, 영성생활의 영원한 보물이 있다고 했다.

러시아 정교회 주교 이그나티 브리안차니노프(Ignatii Brian-chaninov, 1807~1867)는 마음 안에는 영적 기능들이 있는데, 지성과 상관없이 영의 의식이나 양심, 하나님에 대한 경외감, 하나님과 이웃을 향한 영적인 사랑, 회개나 겸손, 온유함 등의 느낌, 통회나 죄에 대한 깊은 슬픔 등으로 나타나며 동물들은 이 영적 기능이 없다고 한다. 영혼 안의 지적인 기능은 두뇌 곧 머리에 거하지만, 영이라고 정의하는 영적인 기능은 가슴 윗부분에 있는 심장(마음, heart) 상부에 있으며, 정신과 마음의 결합은 정신의 영적인 생각과 마음의 영적인 생각이 결합하는 것을 의미한다고 한다.

예수기도, 어떻게 하는가?

예수기도의 전통적인 기본 형식은 다음과 같다.

주 예수 그리스도

하나님의 아들이시여,

죄인인 나를

불쌍히 여기소서

사막 교부들은 더욱 짧은 양식으로 기도하기도 한다.

끼리에(주여)

엘레이손(나를 불쌍히 여기소서)

이 밖에도 다른 짧은 기도의 공식을 만들어 사용할 수 있는데, 기억할 것은 예수기도는 말에 있는 것이 아니라 그 말 속에 있는 존재, 곧 주님을 바라보면서 간절히 염원하는 마음에 있는 것이다.

"주 예수 그리스도"

"주 예수 그리스도"라고 기도할 때 우리는 예수 그리스도, 바로 우리 주님 되신 그분께 탄원하는 것이다. 예수기도의 중심에는 예수 그리스도가 계신다. 예수기도는 기독론적 기도다. 우리는 우리 주님 되신 예수 그리스도, 바로 그분을 부르는 것이다. '예수'라는 이름은 요셉과 마리아가 지은 것이 아니다. 누가복음 1장 31절에 의하면, 천사 가브리엘이 마리아에게 나타나 성령으로 말미암아 그가 잉태할 소식을 알리면서 "그 이름을 예수라 하라"고 알려 주었다. '예수'란 이름은 곧 하나님께서 당신의 외아들에게 친히 지어 주신

이름인 것을 알 수 있다.

'예수'란 이름은 히브리어 '예슈아'를 헬라어로 쓴 것인데, 이는 원래 '여호슈아'인 것을 후대에 줄여서 쓰게 된 형태이다. 히브리어 '예슈아'(여호슈아)란 이름의 뜻은 '구원자'(savior)라고 할 수 있는데, 좀 더 정확한 의미는 '야훼의 구원' 혹은 '여호와는 구원이시다'라고 할 수 있다. 하나님은 독생자에게 이와 같이 의미 있는 이름을 지어 주신 것이다. 사도 바울은 예수님의 이름에 대하여 이렇게 설명한다. "이러므로 하나님이 그[예수님]를 지극히 높여 모든 이름 위에 뛰어난 이름을 주사 하늘에 있는 자들과 땅에 있는 자들과 땅 아래에 있는 자들로 모든 무릎을 예수의 이름에 꿇게 하시고 모든 입으로 예수 그리스도를 주라 시인하여 하나님 아버지께 영광을 돌리게 하셨느니라"(빌 2:9-11).

누가복음과 사도행전을 쓴 누가는 "다른 이로써는 구원을 얻을 수 없나니 천하 사람 중에 구원을 받을 만한 다른 이름을 우리에게 주신 일이 없음이라 하였더라"(행 4:12)라고 선포했다.

예수님은 이렇게 약속하셨다. "너희가 내 이름으로 무엇을 구하든지 내가 행하리니 이는 아버지로 하여금 아들로 말미암아 영광을 받으시게 하려 함이라 내 이름으로 무엇이든지 내게 구하면 내가 행하리라"(요 14:13-14). "내가 진실로 진실로 너희에게 이르노니 너희가 무엇이든지 아버지께 구하는 것을 내 이름으로 주시리라 지금까지는 너희가 내 이름으로 아무 것도 구하지 아니하였으나 구하라 그리하면 받으리니 너희 기쁨이 충만하리라"(요 16:23하-24).

예수기도에서 중심 되는 것은 예수 그리스도이다. 그러나 다시

한 번 기억해야 할 것은, 예수 그리스도의 이름을 부르는 자체에서 마술과 같은 힘과 능력이 나오는 것이 아니라, 우리 내면에서 예수 그리스도와의 만남이 이루어질 때 비로소 참 기쁨과 평안 가운데 주님의 임재를 경험하게 된다는 점이다.

"하나님의 아들이시여!"

예수님은 빌립보 가이사랴 지방에 이르러 제자들에게 이렇게 질문하셨다. "너희는 나를 누구라 하느냐?"(마 16:15). 베드로가 이렇게 고백했다. "주는 그리스도시요 살아 계신 하나님의 아들이시니이다"(마 16:16). 예수님은 베드로에게 복이 있다고 칭찬하시며 예수님 자신이 하나님의 아들이심을 알게 한 것은 하늘에 계신 아버지이시라고 말씀하셨다.

예수님은 하나님의 아들이시다. 이는 우리의 신앙고백이다. 이와 더불어 사도 바울은 예수의 영을 받은 사람도 하나님의 자녀가 되어서 하나님을 "아빠 아버지"(롬 8:15, 갈 4:6)로 부르게 하셨다고 알려주었다. 그래서 우리는 하나님을 우리의 아빠, 아버지로 부를 수 있다. 이렇게 예수기도의 앞 두 부분에서는 우리의 구주 되시고 하나님의 아들 되시는 예수 그리스도를 간절한 마음으로 부른다. "주 예수 그리스도, 하나님의 아들이여."

"죄인인 나를 불쌍히 여기소서"

우리는 모두 죄인이다. 사도 바울은 "모든 사람이 죄를 범하였으매 하나님의 영광에 이르지 못하더니"(롬 3:23)라고 하였고, 다윗은 고백하기를 "여호와께서 하늘에서 인생을 굽어 살피사 지각이 있어 하나님을 찾는 자가 있는가 보려 하신즉 다 치우쳐 함께 더러운 자가 되고 선을 행하는 자가 없으니 하나도 없도다"(시 14:2-3)라 하였다. 주님은 교만한 바리새인의 기도는 듣지 않으시고, "하나님이여 불쌍히 여기소서 나는 죄인이로소이다"(눅 18:13)라는 세리의 기도를 받으시고 의롭다 하셨다. 그리고 "무릇 자기를 높이는 자는 낮아지고 자기를 낮추는 자는 높아지리라"(눅 18:14)라고 말씀하셨다.

사도 요한은 "만일 우리가 범죄하지 아니하였다 하면 하나님을 거짓말하는 자로 만드는 것이니 또한 그[하나님]의 말씀이 우리 속에 있지 아니하니라"(요일 1:10) 하였다.

자기 죄를 자복하고 회개하는 자는 하나님께 의롭다 여기심을 받는다. 예수기도는 자신의 죄인 됨과 연약한 사람임을 고백하면서 주님께서 불쌍히 여겨 주시기를 간구하는 기도이다.

예수기도는 유혹의 순간들이 찾아올 때마다 드리는 것이다. 6~7세기 시내산의 수도사 요한 클리마쿠스(John Climacus, 579경~649경)는 우리에게 유혹이나 마귀들이 찾아올 때 땅과 하늘에서 가장 강력한 예수 그리스도의 이름으로 물리칠 수 있다고 알려준다. 쉬지 않는 마음의 기도인 예수기도를 계속하면 죄를 짓게 하는 유혹들이 우리 마음으로 들어오려 할 때 예수기도를 만나 은혜에 의해 쫓겨나게 된다.

유혹은 누구에게나 다가온다. 예수님께서 가르쳐 주신 주기도문에서도 "우리를 시험에 들게 하지 마시옵고"(마 6:13상)라고 기도하는데, 여기서 "시험에 빠뜨리다"란 '누군가를 죄악에 빠뜨리려 시도하고 노력하는 것' 곧 유혹을 의미한다. 예수님께서 광야로 나가셔서 40일 동안 금식하며 기도하실 때 사탄은 예수님이 시험에 들도록, 곧 죄를 짓도록 유혹하였다(막 1:13)고 기록하고 있다. 예수님은 마지막 유월절 만찬을 제자들과 함께 가지시고 나서 습관에 따라 감람산에 기도하러 가실 때에도 그를 따르는 제자들에게 "유혹에 빠지지 않게 기도하라"(눅 22:40, 46) 하셨다.

사탄은 예수님의 공생애 시작부터 끝까지 찾아와 시험했으며, 오늘 그리스도인들에게도 찾아와 시험에 빠뜨려 죄를 짓게 하려고 갖은 노력을 기울인다. 유혹에 빠지지 않으려면 기도해야 한다. 쉬지 않고 예수기도를 함으로써 사탄의 시험을 넉넉히 물리칠 수 있다.

죄를 짓지 않도록 조심해야 한다. 사도 요한은 "그[하나님] 안에 거하는 자마다 범죄하지 아니하나니"(요일 3:6)라고 했고, "죄를 짓는 자는 마귀에게 속하나니 마귀는 처음부터 범죄함이라"(요일 3:8)라고 했다. 우리는 원래 모두 죄의 종이었으나 예수 그리스도를 믿고 순종함으로 말미암아 죄로부터 해방되어 의의 종이 되었다(롬 6:17-18). 우리는 다시 죄악으로 돌아가서는 안 된다. 비록 사탄이 유혹하더라도 시험에 빠져서는 안 된다.

베드로는 그리스도인들이 의로운 삶을 지속해야 할 것을 강조하여 "개가 그 토하였던 것에 돌아가고 돼지가 씻었다가 더러운 구덩

이에 도로 누웠다"(벧후 2:22)는 속담을 인용하면서 "우리 주 되신 예수 그리스도를 앎으로 세상의 더러움을 피한 후에 다시 그 중에 얽매이고 지면 그 나중 형편이 이전보다 더 심하리니"(벧후 2:20)라고 경고했다. 우리는 "택하신 족속이요 왕 같은 제사장들이요 거룩한 나라요 그[하나님]의 소유가 된 백성이니 이는 너희[우리]를 어두운 데서 불러내어 그[하나님]의 기이한 빛에 들어가게 하신 아름다운 덕을 선포하게 하려 하심이라"(벧전 2:9)라고 말씀하셨다.

사도 베드로는 우리가 새로 받은 이 존귀한 하나님 자녀의 신분을 잘 살펴서 "주 앞에서 점도 없고 흠도 없이 평강 가운데서 나타나기를 힘쓰라"(벧후 3:14)라고 강력하게 권면한다. 예수기도로 우리는 유혹과 시험을 이기고 승리하여 계속 하나님 안에 거할 수 있다.

정해진 기도 시간에 50번 혹은 100번 혹은 원하는 만큼 예수기도를 드릴 수도 있다. 특별한 자세나 호흡 방식을 취하지 않고 자신이 하는 일을 하면서 예수기도를 쉬지 않고 반복하는 것이다. 이 방법은 팔라마스의 성 그레고리(St. Gregory Palamas)가 가르쳐준 것으로, 그는 모든 그리스도인의 의무인 쉬지 않고 드리는 기도를 우리가 어떻게 드릴 수 있는지 간단하게 가르쳐 주었다.

이 기도 방법은 19세기에 예수기도를 하면서 러시아를 횡단하는 탁발수도자로서 자기 여정을 이야기하는 책,《순례의 길》(The Way of a Pilgrim)에도 소개되어 있다. 직업이나 지위를 막론하고 누구나 이 기도 방법을 통하여 자기 생활 속에서 쉬지 않고 예수기도를 드릴 수 있다.

이렇게 쉬지 않고 기도함으로 예수님의 이름에 탄원하며 그의 현존을 끝없이 기억함으로써 하나님과 계속 연합하게 된다. 이렇게 계속 하나님과 연합함으로 우리는 늘 하나님과 모든 사람에게 그리스도의 덕목과 성령의 열매들을 가지고 섬기게 된다.

헤시카스트 전통 방식(Hesychast Tradional Method)으로 예수기도를 드릴 수도 있다. 이 방식으로 예수기도를 하려면, 앉은 자세로 고개를 약간 숙여 가슴을 보거나 배를 응시한 채, 다음과 같이 호흡하며 말로 하거나 속으로 기도한다.

<blockquote>
(숨을 들이 마시면서) 주 예수 그리스도

(숨을 내쉬면서) 하나님의 아들이여

(숨을 들이 마시면서) 죄인인 나를

(숨을 내쉬면서) 불쌍히 여기소서
</blockquote>

발라모(Valamo) 수도원에서 수도하며 예수기도를 깊이 연구하고 《기도의 기술》을 통하여 세계에 널리 알린 수도사 카리톤은 예수기도에서 반드시 호흡법을 사용해야 하는 것은 아니라고 주장한다. 전통적이고 일반적인 방법이긴 하지만 이런 호흡법을 사용하지 않더라도 마음속에서 하나님을 만날 수 있다면 그것으로 족하다고 설명한다.

예수기도의 세 단계

발라모 수도원 원로 아가피(Agapii) 수도사는 예수기도의 세 단계에 대해 이렇게 설명한다. 첫 단계는 구송기도(prayer of the lips)로 처음 우리가 예수기도를 시작할 때는 마지못해 혹은 예수기도가 우리를 이끌고 갈 기쁨과 평안을 전혀 알지 못한 채 의무감에 사로잡혀서 시작한다. 정신이 산만한 채로 예수기도를 시작하게 되지만 우리의 구원자이신 예수 그리스도를 겸손한 마음으로 바라보면서 그 은혜를 구하고 자신의 비참함을 탄식하면서 지속적으로 간구하며 나아가는 것이 구송기도이다. 주의를 집중하여 예수기도를 입으로 낭송하는 구송기도의 단계에 들어가면 다음 단계인 내적기도 혹은 정신의 기도에 이르게 된다.

둘째 단계는 내적기도이다. 내적기도라고 불리는 정신의 기도를 하려면 주님 앞에서 마음을 집중해야 한다. 겸손하게 간구하면 주님은 첫째 선물인 평안과 기도에 집중할 수 있는 힘을 주신다. 이 내적기도가 발전하게 되면 마음의 기도가 되어, 정신(mind)에서 마음(heart)으로 기도가 내려가게 된다.

셋째 단계는 마음의 기도이다. 마음의 느낌이 하나님에게 가 있고 하나님을 향한 사랑이 마음에 가득할 때, 그 기도를 마음의 기도라고 한다. 기도할 때 먼저 자신의 뜻과 생각들을 접어 두고 나서 자신의 십자가를 져야 한다. 예수님은 "누구든지 나를 따라오려거든 자기를 부인하고 자기 십자가를 지고 나를 따를 것이니라"(마 16:24)라고 말씀하셨다. 졸지도 주무시지도 않으시는 하나님의 보살핌에 우리 자신을 온전히 맡기고 힘들고 어려운 일 가운데서도 기뻐하면서 겸손히 인내해야 한다. 이런 상태를 교부들은 '마음과 정신의 연합'이라 불렀다.

이런 내적 질서가 확립되면 그 사람 안에 있는 모든 것이 머리에서 마음으로 옮겨가고, 내적인 빛이 내면의 모든 것을 비추어 하나님의 뜻을 알게 되고 거기에 순종할 수 있게 된다.

러시아 정교회 주교 이그나티 브리안차니노프(Ignatii Brianchaninov, 1807~1867)는 정신이 주의력을 집중해서 마음과 공감하면서 낭송하는 기도를 '정신의 기도'라고 했고, 정신이 마음과 연합하여 마음속에 내려가서 그 깊은 곳에서 기도를 올려 보낼 때 그 기도를 '마음의 기도'라고 했다. 그리고 몸과 영혼이 하나 되어 존재 전체로 드리는 기도를 '영혼의 기도'라고 했다.

초대교회는 "쉬지 말고 기도하라"는 사도 바울의 말씀대로 기도하려고 부단히 노력하였다. 당시 이미 유대교에서 있었던 매일기도를 초기 기독교 공동체에서 받아들여 하루 여러 차례 정해진 시간에 드렸는데, 이는 "쉬지 말고 기도하라"는 말씀을 이루기 위한 한 가지 방법이었다. 이 매일기도는 동방정교회와 서방 가톨릭 모두에서 성무일도라는 이름으로 불리며 2,000여 년 기독교 역사 속에서 발전을 거듭하면서 기독교 성도들의 영을 일깨워 주었다.

동방정교회에서 "쉬지 말고 기도하라"는 말씀을 실천하는 또 다른 방법은 예수기도를 드리는 것이었다. 예수기도에 조예가 깊은 19세기 수도자 테오판은 쉬지 않고 기도하는 가장 손쉬운 방법은 습관적으로 계속 예수기도를 하여 그 기도가 우리 안에 뿌리내리게 하는 것이라고 생각했다.

완벽한 형태의 예수기도인 '하나님의 아들, 주 예수 그리스도시여, 나를 불쌍히 여기소서'는 6-7세기 이집트의 은수사 필레몬부터

1,500년 이상 끊임없이 동방정교회 내에서 지켜져 내려왔다. 그런데 예수기도를 얼마나 길게 해야 하는지에 대해서는 개인이나 시대에 따라 다르다. 여기에 대한 자세한 기록이 많지 않은 것으로 보아 이는 다분히 개인적인 것으로 볼 수 있다. 일단 예수기도를 시작해서 진행하며 점차 육신의 시간의 흐름은 사라지고 주님과의 영적인 교제로 이어지면서 시간의 흐름을 뛰어넘게 되기 때문인 것으로 생각된다.

이그나티 브리안차니노프는 30분 동안 예수기도를 100번 하는 것이 좋다고 한 반면, 다른 사람들은 그보다 더 여유 있고 길게 해야 한다거나 좀더 빨리 하는 것이 좋다고 제시하기도 한다. 19세기에 저술된 《순례자의 길》(The Way of Pilgrim, 1884)에서는 처음에는 하루 3,000번 예수기도를 하고, 그다음부터는 하루 6,000번, 그리고 12,000번 이후에는 횟수를 세지 말라고 권고한다.

예수기도는 누구나 쉽게 할 수 있는 기도다. 전문적 지식과 특별한 가르침이 필요하지 않다. 마음을 차분히 가라앉히고 우리의 구원자 되신 예수 그리스도를 바라보며, 그분 앞에 서면서 그분의 이름 "주 예수 그리스도"를 부름으로 시작된다. 창조주이시고 구원자 되신 자비하신 주님 앞에 서면서 자신의 죄악 된 모습을 슬픔 가운데 바라보며 그저 불쌍히 여겨 주시기를 간구하는 것이다. 그래서 예수기도는 단순하고 짧다. 간절한 마음으로 이 기도를 반복하면서 주님 앞으로 가까이 나아가고, 마음 가장 깊은 곳에서 주님의 현존 앞에 서게 된다. 이렇게 우리 마음의 가장 깊은 곳에 도달하는 방법이 바로 예수기도다.

4장

세 번째 길 —
성무일도

내 영혼아 여호와를 송축하며
그의 모든 은택을 잊지 말지어다
시편 103:2

가톨릭교회, 동방정교회, 성공회 교회에서는 전례기도(Liturgical Prayer, 개인기도가 아닌 공동체로 드리는 기도. 함께 모여 드릴 수도 있고, 개인적으로 드릴 수도 있다)를 드린다. 그 교회들에 소속된 수도원에서는 철저하게 시간을 지켜 하루에도 여러 번 기도와 예배를 위해 모인다.

한국 가톨릭교회의 경우, 수도원 생활을 하는 수도사들은 물론이거니와 사목을 하는 교구 사제들도 가톨릭신학교에 입학하면서부터 전례기도인 성무일도를 전체가 함께 드리고, 졸업 후에도 수도나 사목을 하면서 남은 일평생 하루도 거르지 않고 성무일도를 드린다.

그렇다면 그리스도인은 하루에 이렇게 여러 차례 기도를 드려야만 하는가? 주님은 이렇게 하루에도 여러 차례 우리의 기도를 받기 원하실까? 기독교 2,000여 년 역사에서 믿음의 선배들은 어떻게 기도했을까?

오늘날 하루에 여러 차례 드리는 기도(성무일도)는 개신교 그리스도인들에게는 많이 알려져 있지 않고, 교회에서 이와 같은 기도에 대해 가르침을 받은 바도 많지 않다. 여러 교단을 망라하여 각 신학대학에서도 하루 한 번, 혹은 한 주에 한 번 채플 시간을 두어 모든 직원과 학생들이 함께 예배드리지만, 성무일도와 같이 하루에 여러 차례 교직원들과 신학생들이 함께 모여 기도드리지는 않는다.

반면 가톨릭 신학교에서는 입학부터 졸업 때까지 성무일도를 한다. 시간에 따라 성무일도 드리는 것을 훈련하고, 신학교 졸업 후 수도원에서 수도생활을 하거나 성당의 사제로서 사목에 임하면서도 평생토록 성무일도의 기도를 드리도록 훈련한다. 가톨릭교회의 신학교에서는 개신교 신학교와는 사뭇 다른 방식으로 영성 형성, 특히 기도를 훈련하고 있음을 알 수 있다.

초기교회의 성무일도는 성찬식과 결합된 형태로 기독교 영성에 존재해 왔다. 성무일도의 근본은 유대교에 근원을 둔다. 예수님이 태어나시기 여러 세기 전부터 시편 기자는 "주의 의로운 규례를 인하여 내가 하루 일곱 번씩 주를 찬양하나이다"(시 119:164)라고 기록했다. 현재 우리가 알고 있는 성무일도의 시간과 내용은 주후 1세기 교회의 성무일도와 크게 다르지 않다. 로마시대 각 도시는 오전 6시, 9시, 정오, 오후 3시, 6시에 종을 울렸다. 초기교회 성도들이 유대교의 기도 시간을 따라 그리고 로마 문화 속에서 일 시작과 점심 시간 및 점심 후 다시 일을 시작하는 시간을 알리는 종소리를 들으면서 드린 기도 시간들이 세기를 넘어가며 점차 성무일도로 자리잡게 된다.

베드로와 요한이 공회에 잡혀 재판을 받고 "도무지 예수의 이름으로 말하지도 말고 가르치지도 말라"(행 4:18)는 위협을 받고 풀려난 뒤 믿음의 식구들이 있는 곳으로 찾아갔을 때, 모여 있던 성도들이 시편으로 하나님을 찬양하는 것을 들을 수 있었다(행 4:23-30).

이렇게 시편은 초기 교회 성무일도의 살아 있는 핵심요소로 남아 있었다. 그리고 주후 100년경 지어진 《디다케》는 주기도문을 하루 세 번 기도할 것을 가르치고 있다. 이와 같이 하루 여러 번 시간을 정해서 기도하는 성무일도는 초기교회 때부터 세워진 전통임을 알 수 있다.

오늘날 학자들은 2-3세기 교회 교부들 중 클레멘트(150경~215)와 오리게네스(185경~254경), 테르툴리아누스(160경~225) 등은 지금의 성무일도와 거의 동일한 시간에 맞추어 기도드렸을 것으로 추측한다.

1세기 유대교에서, 셰마("들으라", 신 6:4-9; 11:13-21; 민 15:37-41)는 팔레스타인이나 디아스포라 유대인 모두에게 기본적인 매일의 기도였다. 단, 셰마를 아침과 저녁에 암송하는 의무는 12번째 생일이 지난 모든 남성에게 해당하는 것이어서, 여성이나 아이들, 종에게는 의무 조항이 아니었다.

셰마 암송과 더불어 하루 세 번, 아침·오후·저녁에 기도하는 전통을 유대 랍비문서에서 찾을 수 있는데, 여기서 아침과 저녁에 기도하는 것은 셰마 암송과 결합되어 있다. 오후 기도시간은 신약성경에도 언급되어 있는데, 베드로와 요한이 구시기도 시간(오후 3시)에 기도하러 성전으로 들어갔음을 알 수 있다(행 3:1). 로마 백부장 고넬료도 자기 집에서 구시기도를 지켜 왔다(행 10:3, 30). 다니엘의 경우, 하루 세 번 자기 집에서 예루살렘을 향하여 창문을 열어놓고 기도했다(단 6:10)고 기록하고 있다.

바벨론 포로기 이후 팔레스타인을 포함해서 디아스포라 유대인이 있는 각 지역에 회당이 세워진 뒤로 회당에서는 예루살렘 성전에서 매일 드렸던 희생제사와 밀접한 관련이 있는 모임을 신실한 유대인들을 중심으로 갖게 되었다.

기독교 공동체에서도 이와 같은 현상이 나타나, 복음적 전통이 만들어져 가던 초기 기독교 교회에 유대교의 매일 기도 전통이 수용되었다. 아침기도와 저녁기도, 그리고 하루에도 여러 차례 드리던 기독교 교회의 기도가 예루살렘이나 가이사랴, 안디옥, 로마 같은 지역의 회당에서 드려지고 있었다.

예수님께서 감람산에서 승천하신 후 예수님의 제자들과 예수님의 어머니 그리고 동생들, 다른 여성 제자들과 함께 그들이 유하던 다락방에 올라가서 모든 이들이 마음을 같이하여 "오로지 기도에 힘썼다"(행 1:12-14). 그리고 며칠 지나지 않아 예루살렘 마가의 다락방에 모여 있던 120여 명의 성도들이 모여 있을 때, 갑자기 성령이 그 장소에 임하여 각 사람이 성령 충만함을 받게 되었고, 게다가 외국어 방언을 말하는 은사를 받아 오순절을 맞이하여 예루살렘으로 올라온 각지의 유대인과 유대교에 입교한 사람들에게 주의 복음을 그들의 언어로 전했다(행 2:1-13). 성령 충만함을 받은 성도들이 함께 모여 사도들의 가르침을 받고 서로 교제하며 떡을 떼고 "오로지 기도하기를 힘썼다"(행 2:43).

예수님 승천 후 그리스도인들은 기도에 전적으로 힘을 쏟았으며, 그들이 함께 모여 있는 가운데 성령 충만함과 방언의 은사를 받았다. 그리고 성령 충만함을 받은 그들은 다시 함께 모여 전적으로 기도하기에 힘을 쏟았다. 사도행전을 통해 확실히 알 수 있는 사실은,

초대교회의 모든 성도가 기도에 매우 힘을 쏟았다는 것이다.

시간이 좀 흐르면서 성도들이 급격히 늘어나는 가운데 사도 베드로와 다른 사도들이 어려운 성도들의 구제에 힘을 쏟았는데, 그러는 가운데 그들 자신이 기도와 말씀 사역에 온전히 헌신하기 어려워져 성도 구제 사역을 다른 새로운 지도자들인 일곱 집사들과 나누고, 사도인 자신들은 "오로지 기도하는 일과 말씀 사역에 힘쓰리라"(행 6:4)고 선포한다. 다시 말하면 오로지 기도에 힘쓰는 것은 온 성도들이 헌신하던 바였고, 특별히 영적 지도자들인 사도들에게는 더욱 힘써야 할 일이었던 것을 알 수 있다.

'기도에 힘쓰라'는 말씀은 사도 바울의 서신서들에 반복해서 나타난다. "기도에 항상 힘쓰며"(롬 12:12하). "아무 것도 염려하지 말고 다만 모든 일에 기도와 간구로, 너희 구할 것을 감사함으로 하나님께 아뢰라"(빌 4:6). "기도를 계속하고 기도에 감사함으로 깨어 있으라"(골 4:2). "쉬지 말고 기도하라"(살전 5:17).

그런데 초대교회가 이렇게 기도에 전적으로 힘쓰던 것은 정해진 시간에 셰마와 같은 정해진 패턴으로 기도하던 당시 유대교의 기도 관습을 그대로 대체한 것이라 하기 어렵다. 당시 예수님께로부터 물려받은 것으로 추측할 수 있는 초대교회의 기도 시간은 어떤 내용과 양식을 갖춘 기도였을까?

4복음서 저자들은 예수님께서 안식일에 종종 회당에 참석하여 말씀을 가르쳤다고 기록하며, 예수님 승천 후 예수님의 제자들을 포함한 초대교인들이 결국 회당에서 쫓겨나게 되기까지 성전이나 회당에 계속 참석하여 유대인들과 함께 매일 기도를 드리면서 자체적으로 성찬식을 포함한 자신들만을 위한 예배를 드렸을 것으로 대부분의 학자들은 추측한다. 예수님의 승천을 목도한 "제자들은 큰 기쁨으로 예루살렘에 돌아가 늘 성전에서 하나님을 찬송"(눅 24:50-53) 했으며, 성령 충만함을 받은 초대교회 공동체 성도들도 날마다 마음을 같이하여 성전에 모이기를 힘썼다(행 2:46).

그러나 초대교회는 에세네파와 다른 유대교 종파들처럼 시작부터 유대교 안에서 다른 모임을 형성하려 했고, 예배도 따로 드렸다. 사도행전 1장 14절에 언급된 기도회 모임은 다락방에서 모인 모임이었고, 오순절 아침 9시 이전에 모인 모임도 예배를 위한 모임으로 회당이 아닌 개인 집에서 모였음을 알 수 있다(행 2:1, 15).

누가의 기록에 의하면, 유대인 지도자들에 의해 감옥에 갇혔다가 풀려난 후 사도들은 초대교회 성도들이 모여 있는 장소로 찾아갔고(행 4:23), 베드로가 다시 헤롯에 의해 감옥에 갇혔다가 천사의 도움으로 감옥을 탈출하여 찾아간 곳은 초대교인들이 모여 기도하던 요한 마가의 집이었다(행 12:5, 12). 성도들은 이 집에 모여 감옥에 갇힌 베드로를 위해 기도하고 있었다.

그러므로 당시 초대교회 성도들이 기도 시간에 성전이나 회당에 나갔다 할지라도 이는 기독교 성도로서 기도드린 것이다. 후에 사도 바울은 종종 회당에 들렀는데, 이는 기도하기 위해서가 아니라 복음을 전하기 위해서였다.

초대교회의 기도의 특징은 "호모따마돈"에 있다. 이 단어는 '더불어 마음을 같이하여'라는 뜻이 있다. 초대교회 공동체는 더불어 마음을 같이하여 기도에 힘썼는데(행 1:14, 2:46, 4:24, 5:12), 초대교회 공동체가 함께 매일기도(성무일도)를 드렸음을 이로써 알 수 있다. 초대교회의 매일기도 내용은 간구와 중보가 두드러지며, 종종 찬양과 감사, 하나님의 위대한 역사에 대한 선포가 함께 나온다. 초대교회의 매일기도는 예수 그리스도의 부활에 뿌리를 두며, 임박한 '그리스도의 재림'(파루시아)에 대한 준비를 예전적(禮典的)으로 표현한 것에 근거를 두었다.

히폴리투스의 《사도전승》에 따르면, 3세기 초 그리스도인들이 드렸던 매일 기도시간은 아침기도, 성경공부 혹은 성경읽기, 제3시기도, 제6시기도, 제9시기도, 저녁기도, 야간기도이다. 당시 매일 오전 혹은 정해진 요일들 오전에 교회에서 했던 '성경강해 혹은 성경공부, 교리문답'을 통해 말씀을 공부할 수 있었는데, 교회가 멀어 나오기 어려운 경우는 가정에서 성경을 읽고 묵상하도록 하였다. 이 기도 시간에 일을 하거나 다른 곳에 있게 되면 마음속으로 하나님께 기도하도록 하였다. 이와 같이 3세기 그리스도인들은 평온할 때나 박해가 있을 때나 늘 하루 일곱 번 드리는 매일기도에 힘썼고, 이를 통해 예수님을 묵상하며 하나님께 나아가는 정결한 삶을 살아가려 노력했다.

테르툴리아누스(Tertullian, 155경~240경)는 매일 삼시기도(오전 9시), 육시기도(정오), 구시기도(오후 3시)를 드리기 위하여 일상생활에서 물러나 기도드렸으며, 이와 더불어 하루가 시작될 때와 밤이 찾아올 때 늘 기도드렸다. 그는 이와 같은 매일기도를 그리스도인이라면 누구나 게을리 하지 말고 드려야 하는 의무이며 잘 정립된 기독교 관습이라고 했다.

키프리아누스(Cyprian, 200경~258, 카르타고의 주교)는 삼시기도, 육시기도, 구시기도 외에 이른 아침에도 기도드려야 하는데, 이는 이른 아침에 주님의 부활을 축하하기 위함이라 했다. 그리고 해가 질 때에도 기도해야 한다고 가르쳤다.

이들과 동시대인인 알렉산드리아 학파 교부 오리게네스는 매일 기도가 교회에서뿐만 아니라 유대교 회당에서도 드려졌다고 자신의 설교문 가운데 언급했다. 이를 통해 초기교회 당시 매일기도가 교회에서뿐만 아니라 유대교 회당에서도 드려졌으며, 교회에서 먼 지역에 사는 성도들은 개인적으로 매일기도를 했을 것으로 추정할 수 있다.

세기가 바뀌면서 성무일도의 내용은 계속 바뀌었지만 성무일도의 목적과 특성들은 일정하게 유지되고 있다. 다른 기도들은 간구와 중보, 여러 가지 일들을 기도하는 것이지만, 성무일도는 피조물들이 창조주께 올려 드리는 기도, 곧 찬양과 경배, 감사와 중보의 기도를 올려 드리는 것으로 남아 있다.

미국의 영성가이며 작가인 로버트 벤슨(Robert Benson)은 종교개혁 이후 루터교, 성공회, 감리교 등의 기독교 교파들이 사용한 기도문 책자들에 모두 성무일도 의식이 실려 있다는 것을 발견했다. 당시 일부 교회들은 성무일도를 전담하는 성직자들까지 있을 정도로 성무일도에 열심을 냈으며, 수도사들과 목사들이 이를 인도하였고, 평신도들도 참석하였다.

성무일도는 나의 간구를 드리는 기도이기보다는 피조물인 우리가 조물주에게 올려 드리는 찬양과 감사, 중보의 기도다. 나 자신을 위한 간구는 성무일도 내용 가운데 미미하지만, 우리 영이 정해진 시간에 맞추어 성무일도를 드림으로 하나님 안에 거하게 되고, 주님과 동행하며 그의 임재 안에서 살아갈 수 있게 해 준다.

한국 개신교인들에게 성무일도(매일기도)는 매우 생소한 것이 사실이다. 종교개혁 시기를 어느 정도 지난 후부터 개신교가 이제껏 잃어버렸던 성무일도의 전통을 부활하여 사용하는 것은 유익할 것이다. 그 이름을 무엇이라 부르든 매일기도는 기독교 초기부터 존재했으며, 매일기도를 통해 그리스도인들은 조물주 하나님을 찬양하고 감사드리며, 세상과 이웃을 위해 중보기도를 드려 왔다. 이제 개신교인들도 적합한 성무일도를 만드는 작업에서 시작하여 성무일도 기도책을 발행하고 발전시켜 나가야 할 것이다.

부르짖는 간구의 기도에 익숙한 한국 목사로서 나는 성무일도의 기도 내용들이 생소하게 느껴졌다. 그렇지만 2012년부터 시간을 정해서 매일기도를 드리고 있다. 처음에는 아침기도, 오전 9시, 정오, 오후 3시, 저녁기도 이렇게 매일 다섯 번 성무일도를 드렸는데, 기도 형식은 정한 바 없지만 기도 내용은 하나님을 찬양하며 감사하는 것으로 한정해서 드렸다. 보통 아침기도와 저녁기도는 10분에서 30분 정도까지 드렸고, 오전 9시, 정오, 오후 3시 기도는 그때그때 상황에 따라 일을 하면서도 마음속으로 하나님을 찬양하는 기도를 짧게 드리기도 하고, 잠시 휴식을 취할 수 있게 되면 마음을 다해 하나님을 찬양하며 감사를 올렸다.

성무일도는 영혼이 주님으로부터 멀어지려 하다가도 다시 하나님 앞으로 나아가게 해주었다. 하나님 없이 바쁘게 일하다가도 하나님의 위대하심과 하나님의 창조, 그분의 사랑에 대한 감사를 묵상하며 기도하다 보면 이내 인자하신 창조주 하나님 앞에 평안한 모습으로 서 있는 자신을 발견하게 되었다.

성무일도를 드리면 기도의 새로운 세계를 경험하게 되리라 확신한다. 우리가 하나님 안에 있다는 것을 경험하게 되고, 내가 하고 있는 모든 일이 하나님과 무슨 관계가 있는지 재점검하면서 올바른 길로 돌아설 수 있게 만들어 준다. 기도 때마다 하나님의 현존을 느끼며 살아계신 하나님께 감사드리게 된다. 그래서 성무일도는 삶의 자세를 바꾸어 주며 예수님을 닮은 사람이 되게 해주고, 하나님과 같이 거룩해지도록 이끌어 준다.

사도 요한이 영으로 천국에 올라가 볼 수 있었던 하나님의 보좌 앞에서 이루어지는 찬양, 오늘 우리는 이 땅에서 영으로 찬양과 존귀와 감사를 드릴 수 있다. 성무일도 가운데 여호와 하나님의 보좌로 나아가자.

5장

네 번째 길 ―
영성일기

오늘 내가 네게 명하는 이 말씀을 너는 마음에 새기고

신 6:6

영성일기나 단편, 메모 등 많은 기록을 남긴 그리스도인들이 있다. 이 글들을 통해 저자의 당대나 후대 사람들이 영향을 받아 새로운 길을 걷기도 하고 새로운 사상의 발전을 이룰 수 있었다. 아우구스티누스(Sanctus Aurelius Augustinus, 354~430)의 《고백록》, 블레즈 파스칼(Blaise Pascal, 1623~1662)의 《팡세》, 쇠렌 키르케고르(Søren Aabye Kierkegaard, 1813~1855)의 《저널》 등이 대표적이고, 그 밖에도 개신교 전통 속에서 조지 폭스(George Fox, 1624~1691)와 존 울만(John Woolman, 1720~1972), 존 웨슬리(John Wesley, 1703~1791)의 저널 등이 있다.

기독교 역사 가운데 수많은 성도들의 기록이 수도원이나 대학, 교회, 공동체나 가정에 남아서 당대 사람들에게 영향을 끼쳤을 뿐만 아니라 후세 사람들에게 큰 신앙 유산이 되었고, 저자 자신들의 신앙 여정에서 진보의 길이 되었음은 두말할 나위도 없을 것이다.

아우구스티누스는 동서 로마제국의 분열(395)을 바라보며 4년여(397~401)에 걸쳐 《고백록》을 기록하였다. 자신이 지나 온 죄악 된 삶을 참회하고 고백하며(1-8장), 그리스도인으로서의 새로운 삶 가운데 하나님을 찬양하며 높이고, 자신의 신학과 철학에 관하여 기록했다(9-13장). 상당 부분 자서전적인 이 고백록은 많은 이들의 심

금을 울렸고 자신을 돌아보는 계기를 주었다.

중세적 신앙관과 근세적 이성의 대치로 혼란하던 17세기에 프랑스에서 태어난 사상가 블레즈 파스칼은 39년이라는 짧은 생애를 살았다. 그는 심리학자이면서 수학자, 과학자, 신학자는 물론 발명가이기도 했다. 그는 저서를 한 권도 남기지 않았지만 질병으로 고생하던 마지막 4년 동안 사람들에게 기독교를 증명할 내용을 저술하기 위해 단편의 글들을 기록하기 시작했다.

파스칼의 누이 질베르트 페리에의 딸 마르그리트 페리에(Marguerite Prier)는 3년 반 동안 눈의 염증으로 고생을 했고 눈뿐 아니라 코와 입에서까지 고름이 나올 정도로 병이 악화되었다. 그러던 중 예수 그리스도께서 쓰셨던 가시 면류관의 일부분이라 여겨지는 유물에 눈이 닿는 순간 병이 깨끗이 치료되었는데, 이를 목도한 파스칼은 그때부터 기독교를 변호하기로 결심하고 책을 쓰기 위한 간단한 노트와 메모를 적기 시작했다. 그 모음집이 오늘날의《팡세》가 되었다. 파스칼은 그 작은 노트나 메모가 이렇게 책으로 엮어져 나올 줄은 꿈에도 몰랐을 것이다.

《팡세》는 당대는 물론 후대 사람들에게까지 많은 사상적 단초를 마련해 주었다. 명확하게 밝힌 바는 없지만, 파스칼 자신도 그 글들을 적으면서 자신의 기독교적 사상을 체계화하고 심화시켰으리라 생각하는 것도 그리 무리가 아니다. 천재적인 사람에게도 기록이 그의 사상과 신학을 깊이 있게 만들어 준 것을 보면, 우리에게도 일기나 메모, 사상적 단편들이 여러 가지 면에서 유용할 것임을 부인할 수 없을 것이다.

덴마크 코펜하겐에서 태어난 죄렌 키르케고르는 철학자이자 신학자로서 많은 저작을 남겼는데, 특히 그의 일기는 13권으로 출판되었다. 키르케고르는 늘 진리를 찾기에 몰두했으며, 자신의 영혼과 마음속에서 일어나는 생각들과 사상들을 적으면서 발전시켜 나갔다.

'그리스도의 대변인이요 교회의 기둥'이라 불리는 대 바실리우스 (St. Basil the Great, 329/330-379)는, 매일 밤 우리 자신이 행한 옳은 일과 그른 일을 마음속으로 검토함으로써 범죄하는 일이나 동일한 잘못을 다시 범하는 일을 피할 수 있다고 말한다. 욥은 그렇게 실천했다(욥 1:5). 이렇게 날마다 하루를 돌아보는 일은 매 시간 행하는 우리의 행동을 조명해 준다.

시편은 영성일기의 한 단면이며, 다윗은 영성일기의 대가라 할 수 있다. 고라 자손도 많은 시편을 지은 영성일기의 대가다. 많은 시편 저자들은 영성일기를 사랑했다. 영성일기를 통해 하나님께 나아가며 하나님께 그들의 마음을 고백하고, 회개하며, 간구했다.

모세가 오경을 기록하기까지 유대인들은 하나님의 말씀을 후손에게 구전해 주었다. 이들은 하나님의 말씀을 잊어버린 것이 아니라 자손들에게 머리와 가슴에 적어 준 것이다. 그리고 모세 때에야 글로써 적히게 되었다(모세오경). 선지자, 역사가들도 하나님께 들은 말씀, 하나님과 대화한 것, 하나님께 기도한 것들을 기록으로 남겼다(역사서, 선지서). 다윗, 솔로몬과 같은 지혜로운 왕들이나 고라 자손 등은 시편, 전도서, 잠언, 아가를 통해 영성일기의 한 면목을 보여 준다.

예수님의 제자들은 예수님의 말씀을 듣고 기록하였는데, 이는 직접적인 영성일기이라 할 수 없지만 삼위일체 하나님과의 교제와 임재 가운데 성경을 기록한 면에서 볼 때 영성일기의 최고봉의 하나라 할 수 있을 것이다. 사도 요한은 하나님께 받은 예언의 말씀을 적어서 믿음의 공동체에 보냈는데 이것이 요한계시록이다.

초대교회의 경우 교부들의 기록과 기도문, 설교문, 신학적 논문 등이 지금도 남아서 전해지며, 사막 수도사들의 깊은 믿음의 글과 기도문, 설교문, 논문도 전해져서 깊은 영성을 추구하는 이들에게 큰 자산이 되고 있다. 동방정교회와 서방 가톨릭교회에서 성인이라 부르는 훌륭한 기독교 지도자들과 성도들의 글도 많이 남아 있으며, 이 중에는 여성의 글도 많다.

감리교 창시자 존 웨슬리의 일기는 많은 사람을 더 깊은 헌신과 선을 이루는 삶으로 인도하는 데 지금까지도 큰 몫을 감당해 오고 있다. 영성일기는 특별히 영국과 미국의 청교도들에게 중요했으며, 조지 폭스나 존 울만 같은 퀘이커들의 일기는 그들의 일상의 삶에서 일어난 중요한 일들을 기록했을 뿐만 아니라, 이런 일상의 삶에서 일어나는 일들에 대한 종교적인 중요성과 의미에 관해 기록해 놓았다. 노예제도 철폐를 초점으로 하여 메시지를 전하는 데 헌신했던 울만은 자신의 삶에서 하나님의 임재의 중요성에 대해 적고 있다. 당시 영성일기를 읽어 보면, 그들이 자신들의 믿음의 삶 속에서 발견한 하나님의 모습을 보여 준다. 또한 혼란기나 슬픔, 절망의 심연에서 새로운 통찰을 얻어 소망과 의미, 기쁨으로 그들의 삶이 채워지는 것을 보여 준다.

근대로 들어와 많은 이들이 일기를 적었는데, 이 일기들로 당시 역사의 흐름과 상황을 더욱 잘 이해할 수 있다. 안나의 일기, 리처드 버턴, 데이비드 리빙스턴과 같은 선교사의 일기가 그러하다.

영성일기를 통해 하나님, 이웃, 세상과의 관계를 생각하고, 매일 저녁 하나님과 마주 대하여 하루의 일들과 자신의 생각과 반응, 자신이 보인 태도 등으로 주님과 말씀을 나누다 보면, 우리는 다음 것들을 얻게 된다. 1) 영성, 지성, 사랑, 역사에 더욱 깊어지고, 2) 하나님, 이웃, 세상을 더욱 넓게 이해하게 되고, 3) 거룩, 순결, 도덕과 윤리에서 높아지고, 4) 참된 겸손을 갖추어 낮아지게 된다. 5) 오늘 내가 선 자리를 파악하게 되고, 내가 나아가야 할 방향을 보여 주시며, 역사 속에서 일하시는 하나님을 바라볼 수 있게 된다.

영성일기는 영적 순례에서 나아가는 방향을 점검하는 데 큰 도움이 된다. 자신의 영적 진보와 갈등을 주님께 기도로 적으면서 대화를 나누다 보면, 자신도 모르는 사이에 주님과의 관계가 깊어지고 돈독해지며 주님과 동행하고 있는 자신을 발견하게 된다. 그러므로 영성일기는 주님을 온전히 닮고자 하는 소망을 품고 나아가는 사람들에게 매우 적절한 훈련이 된다.

영성일기의 구체적인 형식들

어떻게 쓸 것인가? 대부분의 일기가 자신이나 가족, 지인 등에 관련된 일상과 사건에 관해 적는다면, 영성일기는 오늘 자신이나 주변 사람들에게 일어난 일들에 대해 주님과 대화하고, 주님의 관점으로 해석하고 성찰하는 것이다. 그래서 믿음의 글이고, 믿는 자의

글이다. 어떤 형식이든 취할 수 있지만, 그 내용에서 하나님께 나아
가고 하나님 안에서 모든 것을 조명하는 눈으로 기록하는 것이다.
간략하게 아래와 같은 구체적인 형식을 생각해 볼 수 있다. 1) 하나
님과의 대화인 기도문 2) 감사와 탄원, 간구의 시 3) 그날 일어났던
일에 대한 믿음의 해석 4) 어떤 주제의 글 혹은 소논문(사건, 관계,
해석 등).

우리는 매일 매순간 자신의 행동에 주목하고 살펴보아야 한다.
예수님의 도움을 받아서 우리 마음속에 자리 잡고 있는 악을 억누
르기 원한다면 매일 저녁 회개하고 새로운 능력을 주님으로부터 받
아야 한다. 영성일기는 바쁘다는 핑계로 하루 종일 미루어 두었던,
그러나 우리 영혼 한 구석에 찜찜한 상태로 버려 두었던 자신의 태
도, 언어, 행동을 꺼내서 다시 살펴보게 해준다. 왜 그렇게 교만한
말투로 말을 했을까? 왜 그런 어리석은 말이 입에서 나왔을까? 그
자리에서 왜 마땅히 해야 할 일을 저버리고 말았을까? 후회되고 우
리를 상심하게 만드는 모습들은 그날 저녁 주님 앞에 가지고 나가
야 할 제목들이다.

주님은 자신의 죄악으로 괴로워하는 우리를 용서하시고 새로운
힘과 용기를 북돋워 주신다. 용서받은 기쁨과 새로운 능력을 받은
기쁨은 말로 다 표현할 수 없다. 그러나 이런 많은 죄악, 후회, 상념
들을 그저 마음 한구석에 던져놓고 그날을 넘겨 버리면, 유사한 일
들이 다음 날에도 찾아오게 된다. 이렇게 여러 번 해결되지 않은 죄
악과 부족함이 마음에 쌓이면 좌절과 절망이 우리를 사로잡게 되
고, 결국 우리를 용서하시는 하나님의 능력마저 신뢰하지 못하게

된다.

잠자리에 들기 전 하나님을 마주 대하는 것은 찢겨진 마음 한구석을 치료하고, 더러워진 마음을 청소하고 정리하는 것과 같다. 상한 채로 두어서 결국 큰 병이 되기 전에 마음은 이미 고통당하고, 쉽사리 잠 못 이루게 될 것이다. 그래서 지혜자 솔로몬은 '성전에 올라가는 노래'에서 "여호와께서 그의 사랑하시는 자에게는 잠을 주시는도다"(시 127:2하)라고 고백했다. 영성저널을 통해 하나님께 나아가는 것은 단잠을 얻는 좋은 방법의 하나다. 회개하고 평온해진 마음에는 단잠이 찾아오는 법이기 때문이다.

성경은 '기억하라'는 말씀을 40여 회 기록하고 있다. 우리는 하나님의 함께하심과 역사, 능력, 도우심을 기억해야 하며, 자신의 비천함, 부족함, 실패함을 기억해야 한다. 자신의 과거를 기억하며, 하나님의 긍휼하심을 기억하고 그의 은택을 기억할 때 우리는 온전히 겸손한 믿음으로 계속 주님과 동행할 수 있다. 주님은 교만한 자를 대적하시고(벧전 5:5), 물리치시고(약 4:6), 낮추신다(삼하 22:28, 욥 40:11, 시 18:27). 반면 겸손한 자들에게 은혜를 베푸시며 높여 주시고(벧전 5:5-6), 구원하신다(욥 22:29).

영성일기를 적음으로 하루를 돌아보고, 자신의 부족함과 비참함을 깨달으며, 주님과 동행하는 온전한 삶을 살아가고 있는지 살펴보고 필요에 따라 새롭게 결단하게 된다. 이처럼 영성일기는 오늘 내 인생의 방향이 어디로 향하고 있는지, 내 인생의 목표는 무엇이고 어디이며, 현재 어느 정도의 진전을 이루고 있는지 알려주는 좌표 역할을 한다. 또한 그 내용 속에서 자신과 하나님의 관계를 파악할 수 있다. 하나님이 내 마음 중심에 계신지, 아니면 내가 세상 일들에 둘러싸여 하나님과의 교제를 잃어버리고 있는지 스스로 깨달을 수 있게 된다.

시편들과 같이 일기에서 우리는 기쁨과 두려움, 하나님을 사랑하는 마음과 때로 일어나는 하나님에 대한 분노, 신뢰와 절망 등 모든 내용을 기록할 수 있다. 익숙한 시편들의 내용을 내 말로 옮겨 적을 수도 있고, 자신의 시편을 창작할 수도 있다. 하나님께 편지를 쓸 수도 있다. 하나님과 상상 속에서 대화를 나누면서 그 대화 내용을 기록할 수도 있고, 하나님의 실제적 임재 앞에서 하나님께 내 마음을 드러내 놓고 적을 수도 있다. 단순히 발생한 사건들이나 그 사건들 속에서 느끼는 점들을 적거나 하나님의 시각(영적인 눈)으로 그 사건을 조명해 볼 수도 있다.

1966년부터 '집중영성일기'(Intensive Journal) 프로그램을 계발하여 수십 년 동안 많은 사람의 영성 형성을 지도해 온 아이라 프로고프(Ira Progoff, 1921~1998, 심리학자)는 "영성일기를 적는 것은 인생과 분리되어 있지 않고, 실생활에 관련되어 있어야만 기도요 묵상의 길이 된다"고 설명한다. 삶 속에서 실제 일어나는 일들 가운데 묵상이 일고, 그런 묵상 속에서 인생의 새로운 인식이 찾아오며, 그 인식은 인생 전체에 영향을 미치게 된다. 그래서 묵상은 인생 전체에 영향을 주게 된다.

아이라 프로고프가 권고하는 방법에 의하면, 다음과 같이 영성일기를 시작할 수 있다. 1) 마음속에 있는 자료들을 모은다. 2) 묵상과 명상의 영역으로 들어간다. 3) 묵상하는 것에서 자신의 영적인 위치를 확인한다. 4) 묵상하는 것을 가지고 마음 깊이 내적 단계로 들어간다.

자신의 성향에 따라 다양한 매체를 사용하여 영성일기를 기록할 수 있다. 노트에 만년필로 정성껏 적는 것을 원하는 사람이 있는가 하면, 컴퓨터나 태블릿 혹은 스마트폰으로 기록하기도 한다. 개인의 성향에 따라 다양한 방식을 시도해 보고 자신에게 가장 적합한 방식을 따르면 좋을 듯하다. 나는 그림을 잘 그리지 못하지만, 간혹 저널에 그림을 그려 넣기도 한다. 때로 그림은 한 장면으로 많은 말을 대변해 주기도 하기 때문이다.

영성일기를 쓰기 위해 특별히 장소를 지정할 필요는 없겠지만 자신의 내면의 소리를 듣기 위하여 조용한 장소와 시간을 택하는 것이 좋다. 내 마음 중심에 계신 하나님의 음성을 더욱 명확히 들으려면 정성을 기울여 주님께 집중해야 하는데, 이럴 때 조용한 장소와 시간은 도움이 된다.

토마스 머턴(1915~1968, 가톨릭 수도사, 작가)은 하루에도 여러 차례 생각과 마음에 떠오르는 통찰을 영성일기에 적었는데, 이같이 하루에도 여러 번 일기를 쓰려 할 경우, 공책을 가지고 다니면서 기록하려는 마음이 들 때마다 기록하면 좋다. 하루 한 번, 저녁에 쓰는 경우도 있지만, 필요에 따라 여러 번 쓰는 경우 15~30분 정도면 적합할 것이다. 그러나 숙제하듯이 너무 짧은 시간에 써버리면 진정한 자기반성, 영적 통찰과 하나님과의 깊은 교제는 갖기 어려워진다. 그러므로 기본적인 시간을 생각하고 분석적이거나 숙고할 필요가 있는 내용의 경우는 좀더 긴 시간을 할애해서 쓰는 것이 좋다.

영성일기는 생각 없이 행동하던 습관을 조금씩 다듬어 준다. 과연 이런 생각과 행동, 태도가 주님께 올바르며, 하나님의 사람으로 나에게 적합한 것인지 묻고 행동하게 된다. 이전 일들의 경험에서 생각 없이 행동했다가 마음에 상처를 입거나 좌절했던 내용들을 일기에 적으면서 후회하고 회개했던 것을 기억해 내기 때문이다.

내 영성일기는 하나의 과정이면서 시편이요, 또 하나의 문학작품이며 신앙서적이기도 하다. 누구에게나 이 땅에서의 인생은 한 번밖에 주어지지 않는다. 그래서 더욱 소중하다. 하나밖에 없는 인생 역사를 적어 가는 영성일기는 참된 인생의 방향을 파악하고 삶의 목적과 하나님의 부르심과 소명을 재확인하며 점검하고, 필요한 경우 과감하게 방향을 바꿀 수 있는 확신의 결정적 근거가 된다. 다시 말하면, 저널을 씀으로써 주님이 보여 주시는 온전한 방향으로 인생 여정을 계속해 나갈 수 있는 것이다.

큰 그림을 보자. 우리는 매일의 삶에 갇히기 쉽다. 자신의 하루를 돌아보면서 인생의 목적, 하나님의 소명, 하나님의 나라를 향해 나아가는 항해에서 나는 지금 어디 와 있는지, 어디로 향해 나아가고 있는지 파악해야 한다.

네덜란드 출신의 가톨릭 사제 헨리 나웬(Henri J. M. Nouwen, 1932~1996)은 많은 저술과 헌신적인 섬김의 삶을 통해 많은 이들의 영성계발을 도왔다. 그는 가톨릭 사제로서 하나님의 뜻에 따라 어디서 어떻게 하나님과 이웃들을 섬기며 살아갈지 파악하기 위해 여러 차례, 여러 가지 시도를 했고, 그때마다 영성일기를 적으면서 하나님과 대화하며 자신의 소명의 길을 확실히 분별해 갔음을 알 수 있다.

헨리 나웬이 라틴아메리카에서 6개월을 보내면서 점차 알게 된 것은 사람들의 입술에서 나오는 "gracias"(고맙습니다)에 스스로 묻던 질문의 답이 있다는 것이었다. 지난 역사 속에서 수많은 고난을 받은 사람들이 오히려 '감사하는 마음'을 갖고 있는 것을 보면서 헨리 나웬이 자기 소명에 관하여 깨달은 것은 이들의 고귀한 사랑의 선물, 곧 '감사하는 마음'을 북미로 다시 가져가 사람들의 회개와 치유를 위해 사용하는 것이었다.

영성일기를 쓰면서 우리는 머리에서 가슴으로, 생각에서 마음으로 인도된다. 영성일기를 적으면서 나 홀로 서 있는 줄 알았던 곳에 주님이 함께 계셨음을 뒤늦게야 볼 수 있게 되고, 외로울 때 주님이 나를 안고 계심을 느끼게 된다. 주님이 "하나님의 나라는 너희 안에 있느니라"(눅 17:21)라고 말씀하셨다. 하나님의 나라는 "너희 안에", 곧 우리 마음에 있는 것이며, 우리는 마음 안에서 주님을 만난다.

마음에 담겨진 것을 영성일기를 통해 지면으로 옮기면서 무게중심이 이동한다. 나 중심의 사고와 해석이 하나님 중심의 사고와 해석을 거쳐 하나님이 원하시는 온전한 새로운 길을 보여 준다. 우리에게 보여 주시는 하나님의 뜻이 영성일기를 쓰면서 더욱 명확하게 드러난다. 영성일기를 씀으로써 마음 안에서 주님을 만나는 기쁨을 누리자.

나가며—영성의 7단계

1310년 6월 1일 프랑스 파리 그레브 광장에서 '한 베긴'(a beguine, 베긴 공동체에 속한 여인)이 오류와 이단성으로 가득 찬 책을 썼다는 죄목으로 장작더미 위에서 산 채로 화형당했다. 그녀의 이름은 마르그리트 포레트(Marguerite Porète)이고, 그녀가 쓴 책 제목은 《단순한 영혼들의 거울》(*The Mirror of Simple Souls*)이다.

12세기에 이르러 유럽에서 '여성 운동'이라고 부를 수 있을 만큼 다수 여성들이 다양한 형태로 헌신된 그리스도인의 삶의 형태를 발전시켜 가기 시작했다. 스위스 북쪽 지방과 프랑스, 독일의 가톨릭교회 안에서 일어난 이 여성운동에 참가한 사람들을 '베긴'(be-guine)이라고 부른다. 이들의 열정을 지핀 성경 말씀은 누가복음 10장 1-12절과 사도행전 4장 32절로, 헌신된 여성들로 이루어진 베긴 공동체는 누가복음에 기록된 70명 제자들의 성경적 사역의 이미지와 사도행전에 나타난 그리스도인의 공동체 생활을 이루어 가려는 목적이 있었다.

1216년, 이 경건한 여성들은 교황의 구두 허락을 받아 각종 사역을 시작하였다. 이들의 중심 사역은 가장 먼저 말씀을 증거하는 것이었는데, 주로 이동하면서 말씀을 증거하며 전도했다. 이들 중에는 가족과 살면서 활동하는 주부들도 있었고, 베긴 공동체에 따로 모여 살아가는 여성들도 있었다. 베긴 여성들은 현대 교회들이 하는 많은 사역을 당시 사회에서 감당함으로 많은 이들의 존경을 받게 되었음에도, 결국 가톨릭교회와 마찰을 빚으면서 1312년 4차 라테란 공의회에서 가톨릭교회로부터 파문당하게 되었다. 마르그리트 포레트는 베긴 공동체 지도자의 한 명이었다.

《단순한 영혼들의 거울》은 우리 영혼을 우리의 이상형인 예수 그리스도의 형상으로 변화시키려는 강력한 초상을 제시한다. 즉 한 영혼은 은혜에 의해 온전한 인간이며 온전한 신이신 예수 그리스도와 같이 변화하게 된다. 이 변화 과정에서 세 가지 중요한 순간이 있는데 첫째, 인간의 의지가 무효화되는 것이며, 둘째, 그 영혼이 완전한 겸손에 처하게 되며, 셋째, 완벽하게 그리스도의 형상을 본받음으로 죄 없는 영혼이 되는 것이다.

포레트는 이렇게 고백한다. "나는 나의 가난한 영혼을 알 뿐이다. 나는 간청할 뿐이다. 내가 그리스도를 만나러 갈 때 가지고 갈 것은 아무것도 없다. 교환할 것은 아무것도 없다. 나는 받는 사람일 뿐이다."

우리는 자신의 영적 단계에 대해 좀처럼 생각하지 않는다. 사실상 영성의 단계를 측정해 볼 수 있는 명쾌하게 잘 정립된 구조를 찾기는 어렵다. 그러나 측정도구 없이 우리의 영적 단계를 측정하는 것은 불가능하다. 설교와 성경공부, 기독교 고전, 명상, 신학서적 등을 통해 우리는 영혼의 저울의 일부를 파악하고 있지만 이제 이러한 여러 저울의 파편들을 모아 한 가지로 만들어 보려는 것이다. 포레트는 바로 이 과정에서 우리에게 큰 도움을 준다.

먼저 1단계에서 은혜를 통해 하나님을 만나 죄의 힘이 벗겨진 이 영혼(Soul)은 하나님의 계명 곧 하나님이 율법에서 명령하신 계명들을 죽을 때까지 지키기로 작정한다. 이 영혼은 매우 두려운 마음으로 "네 마음을 다하여 주 너의 하나님을 사랑하고 네 이웃을 네 몸과 같이 사랑하라"(눅 10:27) 하신 계명을 중요시 하며 마음에 간직한다.

그래서 이 영혼은 자기가 해야 할 일을 다하려고 최선을 다하지만, 끝없이 계명들을 지키는 데에만 온 힘을 기울인다. 더 높은 단계의 영성생활이 있지만 겁을 집어먹고 그 단계로 들어가기를 두려워한다. 이 단계에 있는 영혼은 태만 가운데 머물러 있기 때문에 하나님을 찾는 것이 이 영혼에게 허락되지 않았다는 것은 그리 놀랄 만한 일이 아니다.

시편 기자는 이렇게 고백한다. "내 육체가 주를 두려워함으로 떨며 내가 또 주의 심판을 두려워하나이다"(시 119:120). 하나님을 처음 뵐 때의 감동을 넘어서면 하나님과의 관계를 유지하기 위한 기본적 자세로서 하나님에 대한 경외감과 두려움이 우리 마음 중심에 찾아온다. 그러나 이는 믿음의 시작점에 불과하다.

제2단계에서 영혼은 그의 계명을 넘어서서 하나님께서 그의 특별한 사랑으로 자신을 안내해 주시기를 기대한다. 이 영혼은 예수 그리스도께서 모범을 보이신 복음적 가르침의 완성을 위해 금욕하며, 부와 기쁨과 명예를 멸시하는 일에 자기 자신을 버리고, 세상 사람들의 가르침을 행하는 모든 것에 기초해 있는 자신을 억제한다.

이 영혼은 물질을 잃어버리는 것이나 다른 이들의 평가, 육신의 연약함을 더 이상 두려워하지 않는다. 이 영혼을 사랑하는 분이 이와 같은 것들을 두려워하지 않기 때문에 이 영혼도 그분께 능력을 받아 이와 같은 것들을 더 이상 두려워하지 않는 것이다.

제3단계에서 이 영혼은 선을 행하는 것 외에는 알기를 거부한다. 여러 선한 일들을 계속 이루어 냄으로써 끓어오르는 사랑의 열망을 통해 점점 더 예리해진다. 이 영혼의 의지는 온갖 수고를 다하여 큰 일들을 해나가는 엄격함을 통해 이루어진 선한 일들만을 사모하게 된다. 이 영혼의 갈급함은 이런 선한 일들을 통해 채워진다. 이 영혼은 자신이 선한 일들 외에 아무것도 사랑하지 않는다는 것을 깨닫지 못한 것처럼 보인다. 그런 이유로 이 영혼은 선한 행동들 외에 무엇을 하나님께 드릴 수 있는지 알지 못한다.

이 영혼이 사랑하는 일, 곧 자신에게 기쁨을 가져다주고 거기서 영적인 양분이 공급되는 일을 하지 않는 것 외에는 죽음조차도 이 영혼에게 순교가 아닐 것이다. 이처럼 이 영혼이 그렇게 기쁘게 여기는 선한 일들을 줄이고, 또 그 일들로부터 생명을 얻어 온 자신의 의지를 사멸시켜야 한다. 이와 같이 이 영혼은 자신이 사랑하는 일들을 포기하고, 일들을 통해 자기에게 생명을 주어 왔던 자기 의지를 죽여야 한다.

이 영혼은 순교를 온전히 이루기 위해 공동체의 의지에 순명할 필요가 있다. 이런 면에서 이 단계는 앞선 두 단계보다 극복하기가 훨씬 어렵다. 이 단계에서 영혼은 하나님이 원하시는 곳으로 나아가기 위해 자신을 부숴뜨리고 상처 입혀 갈아 버려야 할 필요가 있다.

제4단계에서 이 영혼은 지고한 사랑에 의해 묵상을 통한 정신의 기쁨으로 이끌림을 받는다. 또한 이 영혼은 관상(contemplation)의 단계를 통해 모든 외적 노동과 공동체에 대한 순종까지도 포기한다. 그러면 이 영혼은 순수한 사랑의 기쁨으로 만져 주심을 제외한 어떤 종류의 접촉에도 고난을 받지 않게 된다. 그럼으로 이 영혼은 더 높은 영적 단계가 없다고 믿게 된다.

묵상과 관상은 더 높은 단계로 들어가는 문과 같다. 이 단계에서 특이한 것은, 외적인 행실이 약해지면서 묵상과 관상의 높은 단계를 통해 하나님께 온전히 순종하게 되는 것이다. 영혼은 이제 사랑이 무엇인지 발견하기 시작한다. 모든 묵상과 행위의 동기가 사랑에서 나온다.

제5단계는 신적인 단계의 시작이다. 이 영혼은 "만유 위에 계시고 만유를 통일하시고 만유 가운데 계신"(엡 4:6) 하나님이 어떤 분이신지 알게 된다. 하나님은 전적인 타락 가운데 거한 영혼을 하나님의 신적인 선으로 불러 주신 분이시다. 이제 하나님은 순수한 하나님의 신적인 선에 의해 이 영혼에게 자유 의지를 허락하신다. 전적인 타락에 머물러 있던 영혼이 이제 하나님의 신적인 선 안에 머물게 된다.

더 이상 나 자신이 내 인생의 주인공이 아니다. 왜 그러한가? 나의 타락한 영혼과 육신은 이미 예수 그리스도와 함께 십자가에 못 박혔기 때문이다. 나의 타락한 옛 영혼과 육신은 새로운 존재로, 새로운 피조물이 되었다. 나의 새로운 영혼과 육신은 오직 하나님의 아들 예수 그리스도 안에서만 찾아 볼 수 있다. 믿음으로 산다는 것은 죄에 대하여 죽은 것이며 예수 그리스도의 부활과 함께 그리스도 안에서 다시 사는 것을 의미한다(갈 2:20; 고후 5:17).

이제 이 영혼은 자신의 의지에 대하여 죽고, 하나님의 의지만을 자신 속에서 발견할 뿐이다. 세상을 보되 나의 의지는 사라지고 오직 하나님의 의지로 보는 것이다. 하나님의 뜻이 이 영혼을 통해 나타나는 것이다.

제6단계에서 이 영혼은 겸손의 심연으로 들어가기 때문에 자기 자신을 더 이상 볼 수 없게 된다. 또한 하나님이 가지신 지고의 선 때문에 하나님도 볼 수 없다. 그런 까닭에 이 단계에 있는 영혼 중 일부는 잠시 깊은 우울을 경험하기도 한다. 그러나 이는 우울증과 달리 겸손의 가장 깊은 곳으로 들어가는 경험이다. 예수님이 말씀하신 '무익한 종'(눅 17:10)의 겸손을 경험하는 것이다. 하나님은 신적인 장엄함으로 그 영혼 속에서 그 영혼과 함께 있는 자기 자신을 보시게 된다. 이 영혼은 만유 가운데 계신 하나님(엡 4:6) 외에는 아무것도 없다는 것만을 본다. 그래서 이 영혼은 만물로부터 오직 하나님 한 분만 보게 된다.

그래서 6단계에서 영혼은 자유롭고 순수하며 모든 것으로부터 명확해진다. 하지만 영광스럽게 되는 것은 아니다. 입으로 표현할 수 없는 영화(榮華)는 마지막 7단계에서 이루어진다. 이 영혼은 순수하고 명확해졌기 때문에 하나님도 그리고 자신도 보지 않는다. 오직 하나님은 그 안에 계시고 그를 위해 계신다. 그는 그 없이도 계신 하나님 자신을 보시게 된다. 하나님은 하나님 외에 아무것도 없다는 것을 그에게 보여 주신다.

제7단계는 가장 높은 단계이다. 이 단계에서는 오직 '영광, 하나님께 영광'만이 가장 중요하다. 인간의 영혼이 하나님 안에서 결국 무엇을 추구할 것인가? 그것은 하나님의 영원한 영광이다. 이 영광은 영원한 영광 가운데 우리에게 주시기 위하여 하나님께서 자신 안에 간직하고 계신다. 이 영광에 관해서는 우리가 하나님 나라에 이를 때까지 온전히 이해할 수 없을 것이다.

이런 경우를 생각해 보자. 어느 교회나 주님의 일에 헌신하는 성도들이 있게 마련이다. 팔을 걷어붙이고 열심을 다해 봉사한다. 성가대와 남·여전도회, 교회학교 교사와 소그룹 리더, 교회의 갖가지 사역을 도맡아 감당한다. 그러다 보니 자연히 집안에서는 불만의 소리가 높아져 간다. 교회에서 많은 일을 맡아서 감당하다 보니 본의 아니게 교회 안의 일들을 남들보다 상세히 알게 되어 자연스럽게 리더의 위치에 서게 되고, 그런 분들의 의견이 존중된다. 더욱이 평소 그만큼 열심을 내지 못하던 성도 중의 한 분이 좋은 의견을 낼 때 그 의견을 받아들이지 못하며 자신을 공격하는 것으로 생각한다. 주위에 함께 돕던 사람들이 그 사람의 독단적인 일처리에 불편해하며 그 주위를 떠나게 되고, 결국 이 사람은 더 많은 일을 혼자 감당해야 한다. 그리고 결국 많은 일들에 걸려 넘어져 자신을 돕지 않는 다른 성도들을 비난하며, 갑자기 맡았던 모든 일을 내려놓거나, 교회를 떠나기도 한다.

왜 이런 일이 벌어졌는지 자숙하며 있다가 다시 어느 교회에 소속되어 예전과 같이 성실하게 열심히 일한다. 그러다가 또 다시 다른 성도들과 갈등을 일으키고, 이견에 부딪혀 결국 다시 모든 일을

손에서 놓게 된다. 왜 이런 일이 반복되는 것일까? 그분처럼 열심히 교회를 섬긴 분은 드물었다. 그런데 왜 그분이 열심을 내면 낼수록 교회를 섬기는 일에서 불협화음이 일고 주위 사람들이 상처를 입는 것일까?

바로 제3단계에 그 비밀이 숨어 있다. 제3단계의 영혼은 주님을 얼마나 사랑하는지, 오직 주님을 위해 살기를 원한다. 예전에 즐기던 모든 일을 그만두고 주님만 섬기기를 원한다. 여기 한 가지 문제점이 있는데, 이 영혼을 살찌우는 양식의 문제다. 이 영혼의 영은 온 힘과 열의를 다하여 추구하는 선행에 의해서만 살찌우게 된다. 사람보다 일 중심으로 생각하는 경향이 있어서 오직 주님을 위하여 함께 섬기는 사람들보다는 그 주어진 일을 자기 생각대로 꼭 이루어내야 한다는 생각에 사로잡힌다. 그러다 다른 성도들과 갈등을 일으키고 실망하며 낙담하는 것이다.

이와 같은 경험이 있는 성도들은 둘 중의 하나를 택하게 된다. 먼저, 일이 주어지면 최선을 다해 섬기다가 문제가 생기면 교회를 떠나거나 사역을 그만둔다. 그리고 시간이 지난 뒤 다시 사역을 맡아섬기다가 또 문제가 생기면 교회를 떠나거나 사역을 쉰다. 다른 하나는, 소극적인 방법을 택해 교회의 사역에 관여하지 않으려고 무던히 애쓰며 자기 자신을 다독거리지만, 그 영혼은 주님을 섬기기 원하는 마음으로 불타오른다. 그 열정을 자제하느라 그 영혼은 병이 든다.

제3단계에서 열심으로 주님의 몸 된 교회를 섬기는 데 애써 왔지만 원치 않은 결과로 고통스러운 가운데 있다면 4단계를 통해 5단계로 올라가야 한다. 제4단계에서는 말씀 묵상을 통해 하나님을 만나게 된다. 하나님께서 직접 우리에게 말씀하시고, 우리는 그의 음성을 들으며 환희에 사로잡힌다. 다른 어떤 일보다도 주님과 대화를 나누는 데 많은 시간을 할애한다. 환희와 감격이 찾아오고, 사랑과 평화가 그 영혼에 넘쳐흐른다.

제4단계에서 가장 특이한 점은, 이제까지 가장 중요시 여기던 외적인 섬김과 교회 사역에 대한 열의가 시들해지면서 묵상과 관상의 높은 단계를 통해 깊은 순종의 길로 들어가는 것이다. 이제 영혼은 사랑이 무엇인지 발견하기 시작한다. 주님과의 만남에서 모든 힘과 능력을 얻게 된다. 새로운 힘이 영혼 깊은 곳에서 흘러넘치면서 이제까지 경험하지 못했던 평화와 희락이 영혼을 감싸며, 그를 통해 그가 가는 곳마다 정의가 이루어진다.

묵상과 관상의 제4단계를 거치지 못하면 신적인 단계인 제5, 6, 7단계로 들어가기 어렵다. 주님과의 온전하고 진실한 만남이 없다면 어느 누구도 주님의 마음을 깨닫기 어렵기 때문이다.

순례는 여행과도 같다. 여행은 함께할 때 훨씬 즐겁고 유쾌하다. 멋진 광경을 바라보면, 동반자의 옆구리를 쿡쿡 지르면서 이야기한다. "야, 멋있지!" 그러면 옆에 있던 친구가 이야기한다. "그래, 참 멋있다!" 혼자서도 순례의 길을 걸을 수 있으나, 조금만 유심히 둘러보면 내 주위에 수많은 순례자들이 함께 걷고 있는 것을 발견할 수 있다. 오늘 나의 영성은 어느 단계에 머물러 있는지 생각해 보자. 또한 내 동반자들이 더 높은 영성의 단계에 오르도록 내가 어떻게 도울 수 있을지도 함께.

참고문헌

해외도서

- Adamantius Origen, *Origen on Prayer* (Grand Rapids: Christian Classics Ethereal Library, 2001)

- Arthur Boers, *Day by Day These Things We Pray* (Scottdale: Herald Press, 2010)

- C. W. Dugmore, *The Influence of the Synagogue upon the Divine Office* (Westminster: Faith Press, 1964)

- Carlo Carretto, *The Desert Journal: A diary, 1954–55* (Maryknoll: Orbis Book, 1992)

- Chester P. Michael & Marie C. Norrisey, *Prayer and Temperament: Different Prayer Forms for Different Personality Types* (Charlottesville: Open Door, 1991)

- *Daily Office Reading*, Compiled and Edited by Terence L. Wilson (New York: Church Hymnal Corp, 1983)

- Dominic F. Scotto, *Liturgy of the Hours* (Petersham: St. Bede's Publications, 1987)

- Duncan Robertson, *Lectio Divina: The Medieval Experience of Reading* (Collegeville: Liturgical Press, 2011)

- Guigo II, *The Ladder of Monks and Twelve Meditation*, Trans. Edmund Colledge & James Walsh (Kalamazoo: Cistercian Publications, 1978)

- Henri J. M. Nouwen, *Gracias! A Latin American Journal* (San Francisco: Harper & Row, 1987)

- Henri J.M. Nouwen, *The Genesee Diary: Report from a Trappist Monastery* (New York: Doubleday, 1976)

- Ira Progoff, *The Practice of Process Meditation: The Intensive Journal Way to Spiritual Experience* (New York: Dialogue

국내도서

- 로버트 벤슨, 《중단 없는 기도》 (IVP, 2010)
- 발라모의 카리톤 엮음, 《기도의 기술》 (은성출판사, 2000)
- 어반 홈즈, 《그리스도교 영성의 역사》 (대한기독교서회, 2013)
- 윌리엄 바클레이, 《성서주석 시리즈: 누가복음》 (기독교문사, 1995)
- 유진 피터슨, 《이 책을 먹으라》 (IVP, 2006)
- 정양모, 《열두 사도들의 가르침—디다케》 (분도출판사, 1993)
- 케네스 보아, 《기독교 영성, 그 열두 스펙트럼》 (도서출판 디모데, 2002)
- 한국천주교중앙협의회 엮음, 《성무일도》 (한국천주교주교회의, 1990)
- 히뽈리뚜스, 《사도전승》 (분도출판사, 1992)
- 《베네딕도 수도 규칙》 (왜관: 분도출판사, 1991)
- 《필로칼리아 1》 (은성출판사, 2001)

House Library, 1980)

- Jean Leclercq, *The Love of Learning and the Desire for God: A Study of Monastic Culture* (New York: Fordham University Press, 1982)

- John Howard Griffin, *The Hermitage Journals: A Diary Kept While Working on the Biography of Thomas Merton* (Image Book, 1983)

- Joseph D. Driskill, *Protestant Spiritual Exercises: Theology, History, and Practice* (New York: Morehouse Publishing, 1999)

- Lev Gillet, *The Jesus Prayer* (New York: St. Vladimir's Seminary Press, 1987)

- M. Robert Mulholland Jr., *The Power of Scripture in Spiritual Formation: Shaped by the Word* (Nashville: Upper Room Books, 2000)

- Margaret Guenther, *The Practice of Prayer* (Boston: Cowley Publications, 1998)

- Marguerite Porète, *The Mirror of Simple Souls*, Translated & introduced by Ellen L. Babinsky (New York: Paullist Press, 1993)

- Michael Casey, *Sacred Reading: The Ancient Art of Lectio Divina* (Liguori : Liguori/Triumph, 1996)

- Paul F. Bradshaw, *Daily Prayer in the Early Church: A Study of the Origin and Early Development of the Devine Office* (New York: Oxford University Press, 1982)

- Paul F. Bradshaw, *Two Ways of Praying* (Nashville: Abingdon Press, 1995)

- Perry Le Fevre, *Modern Theologies of Prayer* (Chicago: Exploration Press, 1995)

- Philip Schaff and David Schley Schaff, *History of the Christian Church*, vol. 1 (New York: Charles Scribner's Sons, 1910)

- Phyllis Tickle, *The Divine Hours, Prayer for Springtime: A Manual for Prayer* (New York: Doubleday, 2001)

- *Praying with The Orthodox Tradition*, Compiled by Stefano Parenti, Translated by Paula Clifford (London: Triangle, 1988)

- Raymond Studzinski, *Reading to Live: The Evolving Practice of Lectio Divina* (Collegeville: Liturgical Press, 2009)

- Robert Taft, *The Liturgy of the Hours in East and West: The Origins of the Divine Office and Its Meaning for Today* (Collegeville: Ligurgical Press, 1986)

- St. John Climacus, *The Ladder of Divine Ascent*, Translated by Archimandrite Lazarus Moore (New York: Harper & Brothers, 1959)

- *The Way of Pilgrim*, Translated from the Russian by Olga Savin (Boston: Shambhala Publications, 1996)

- Tim Gray, *Praying Scripture for a Change: An Introduction to Lectio Divina* (West Chester: Ascension Press, 2009)

영성 훈련의 네 가지 길
The Four Ways of Spiritual Formation

2017. 3. 17. 초판 1쇄 인쇄
2017. 3. 23. 초판 1쇄 발행

지은이 조연형
펴낸이 정애주
국효숙 김기민 김의연 김준표 김진원 박세정
송승호 오민택 오형탁 윤진숙 이한별 임승철
임진아 정성혜 조주영 차길환 한미영 허은
펴낸곳 주식회사 홍성사
등록번호 제1-499호 1977. 8. 1.
주소 (04084) 서울시 마포구 양화진4길 3
전화 02) 333-5161
팩스 02) 333-5165
홈페이지 www.hsbooks.com
이메일 hsbooks@hsbooks.com
페이스북 facebook.com/hongsungsa
양화진책방 02) 333-5163

ⓒ 조연형, 2017

• 이 도서의 국립중앙도서관 출판예정도서목록(CIP)은
  서지정보유통지원시스템 홈페이지(http://seoji.nl.go.kr)와
  국가자료공동목록시스템(http://www.nl.go.kr/kolisnet)에서
  이용하실 수 있습니다.(CIP제어번호: CIP2017006685)

ISBN 978-89-365-1224-8 (03230)